Valquíria Garcia

Licenciada em Geografia pela Universidade Estadual de Londrina (UEL-PR).
Especialista em História e Filosofia da Ciência pela UEL-PR.
Mestra em Geografia pela UEL-PR.
Professora do Ensino Superior na área de formação de docentes e pesquisadora na área de Ensino em Geografia.
Autora de livros didáticos para o Ensino Fundamental.

São Paulo, 1ª edição, 2017

Vamos aprender **Geografia 3**

Direção editorial M. Esther Nejm
Gerência editorial Cláudia Carvalho Neves
Gerência de *design* e produção André Monteiro
Coordenação de *design* Gilciane Munhoz
Coordenação de arte Melissa Steiner Rocha Antunes, Ulisses Pires
Coordenação de iconografia Josiane Laurentino
Coordenação de preparação e revisão Cláudia Rodrigues do Espírito Santo
Suporte editorial Alzira Bertholim Meana

Produção editorial Scriba Soluções Editoriais
Supervisão de produção Priscilla Cornelsen Rosa
Edição Karolyna Lima dos Santos, Kleyton Kamogawa
Preparação de texto Ana Paula Felippe
Revisão Fernanda Rizzo Sanchez
Edição de arte Mary Vioto, Barbara Sarzi, Janaina Oliveira
Pesquisa iconográfica André Silva Rodrigues, Soraya Pires Momi
Tratamento de imagem José Vitor E. Costa

Capa João Brito, Carla Almeida Freire
Imagem de capa Fernando Volken Togni

Projeto gráfico Marcela Pialarissi, Rogério C. Rocha
Editoração eletrônica Renan Fonseca

Fabricação Alexander Maeda
Impressão Stilgraf

Em respeito ao meio ambiente, as folhas deste livro foram produzidas com fibras obtidas de árvores de florestas plantadas, com origem certificada.

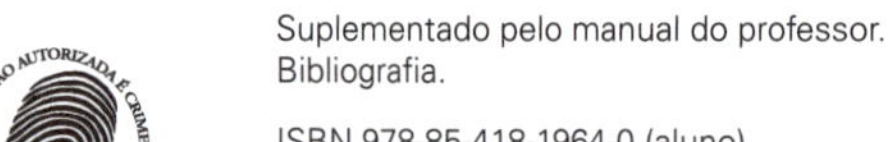

Dados Internacionais de Catalogação na Publicação (CIP)
(Câmara Brasileira do Livro, SP, Brasil)

Garcia, Valquíria Pires
Vamos aprender geografia, 3º ano : ensino fundamental, anos iniciais / Valquíria Pires Garcia. – 1. ed. – São Paulo : Edições SM, 2017.

Suplementado pelo manual do professor.
Bibliografia.

ISBN 978-85-418-1964-0 (aluno)
ISBN 978-85-418-1965-7 (professor)

1. Geografia (Ensino fundamental) I. Título.

17-11066 CDD-372.891

Índices para catálogo sistemático:
1. Geografia : Ensino fundamental 372.891

1ª edição 2017
2ª impressão 2019

Edições SM Ltda.
Rua Tenente Lycurgo Lopes da Cruz, 55
Água Branca 05036-120 São Paulo SP Brasil
Tel. 11 2111-7400
edicoessm@grupo-sm.com
www.edicoessm.com.br

APRESENTAÇÃO

Caro aluno, cara aluna,

Este livro foi planejado e produzido pensando em você.

Em suas páginas, apresentamos temas interessantes que, a cada dia, despertarão a sua curiosidade pelo saber.

Durante seus estudos, por meio de textos, fotos, ilustrações, mapas e outros recursos, você vai perceber que a Geografia faz parte do seu dia a dia.

Com este livro, esperamos que juntos possamos conhecer pessoas, lugares e paisagens, a fim de entender melhor o mundo em que vivemos.

Desejamos a você um ótimo ano de estudo!

SUMÁRIO

Conheça os ícones

Responda à atividade oralmente.

Escreva a resposta no caderno.

Cartografia.

unidade 1

Os lugares e as paisagens

Pessoas observando uma paisagem em Sydney, Austrália, em 2016.

Cn0ra/iStock/Getty Images

Ponto de partida

1. Descreva a paisagem que as pessoas estão observando.
2. Escolha um lugar que você gosta muito de frequentar. Conte aos colegas como é esse lugar.
3. A paisagem do lugar que você escolheu é semelhante à paisagem retratada na foto? Justifique sua resposta.

Viver em diferentes lugares

As pessoas moram em diferentes lugares. Conheça, a seguir, onde algumas crianças moram e, também, descubra um pouco sobre a vida delas.

A

Luciana Whitaker/Pulsar Imagens

Comunidade **caiçara** no município de Imbituba, Santa Catarina, em 2016.

EU SOU CAIÇARA, MORO EM UMA COMUNIDADE À BEIRA--MAR. AQUI COMEMOS MUITOS PEIXES QUE PESCAMOS E TAMBÉM PRODUTOS DE NOSSA AGRICULTURA. ALÉM DISSO, VENDEMOS LINDOS ARTESANATOS.

Waldomiro Neto

B

Rubens Chaves/Pulsar Imagens

Comunidade **quilombola** Muquém, no município de União dos Palmares, Alagoas, em 2015.

EU VIVO EM UMA COMUNIDADE QUILOMBOLA NA ÁREA RURAL. GRANDE PARTE DOS ALIMENTOS QUE CONSUMIMOS SÃO PRODUZIDOS PELA ATIVIDADE AGRÍCOLA DE NOSSA COMUNIDADE. NA CIDADE, VENDEMOS PARTE DO QUE CULTIVAMOS.

Rogério C. Rocha

caiçara: população que vive em comunidades à beira-mar

quilombola: comunidade rural formada em áreas de antigos quilombos. Os descendentes de africanos que vivem nessas áreas também são chamados de quilombolas

C

Luciana Whitaker/Pulsar Imagens

Comunidade ribeirinha no município de Itaituba, Pará, em 2017.

Talita.

D

filipefrazao/iStock/Getty Images

Paisagem do município de Vitória e, ao fundo, morros do município de Vila Velha, Espírito Santo, em 2015.

Mateus.

Povos e comunidades tradicionais

As crianças José, Marina e Talita, mostradas nas páginas **7** e **8**, fazem parte de alguns dos povos ou comunidades tradicionais do Brasil.

Os povos tradicionais, em geral, mantêm o modo de vida próprio de suas culturas, como os hábitos alimentares, o artesanato, o cultivo de plantas e a criação de animais.

Os integrantes dos grupos tradicionais transmitem esses costumes, memórias e conhecimentos de geração em geração, ou seja, de idosos e adultos para as crianças e jovens. Com isso, buscam preservar os diferentes aspectos culturais e religiosos, assim como a organização econômica e social de seu povo.

Zig Koch/Pulsar Imagens

Os coletores de castanha-do-pará também fazem parte das comunidades tradicionais do Brasil. Na foto acima, coleta de castanha em uma reserva de desenvolvimento sustentável, no município de Laranjal do Jari, Amapá, em 2017.

Pratique e aprenda

1. Escolha um dos lugares mostrados nas páginas **7** e **8** e escreva uma semelhança e uma diferença com o lugar onde você mora.

A Semelhança:

____

B Diferença:

____

2. Veja o que Taniki está dizendo.

Edson Sato/Pulsar Imagens

Marcos Amend/Pulsar Imagens

Vista da aldeia Ariabu, do povo indígena Yanomami, no município de Santa Isabel do Rio Negro, Amazonas, em 2017.

a. No espaço abaixo, desenhe uma paisagem do lugar onde você mora.

b. Desenhe você no quadro abaixo e, no balão, escreva alguma característica do lugar onde você mora. Veja o exemplo de Taniki, na página **10**.

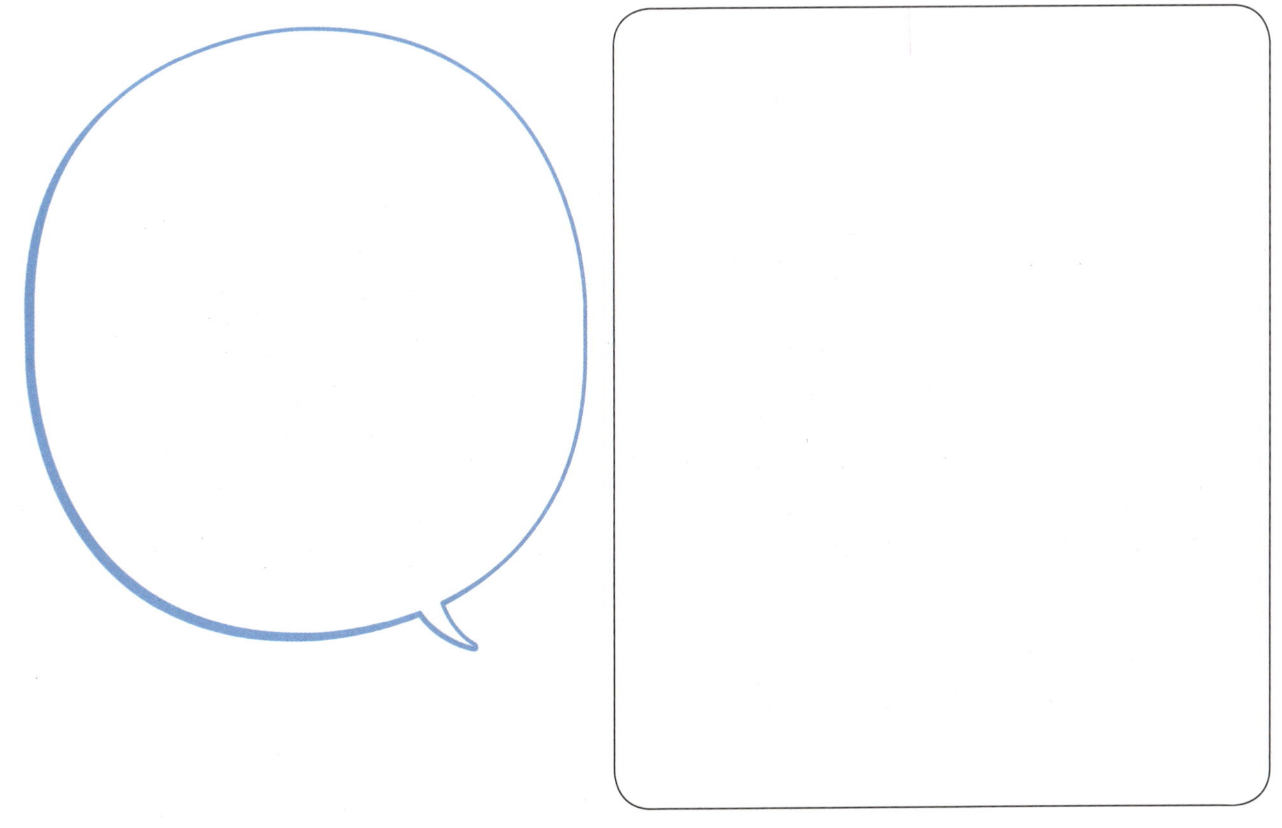

Que curioso!

Conhecendo países por meio da internet

Os meios de comunicação nos informam sobre fatos e acontecimentos que ocorrem em diferentes lugares do mundo. Entre os diversos meios de comunicação, a internet se destaca pela maneira rápida de nos trazer as informações que pesquisamos. Em poucos minutos, podemos observar paisagens de lugares diferentes e conhecer, por exemplo, como as pessoas vivem nesses lugares.

Pesquisando na internet, podemos encontrar muitas informações, por exemplo, sobre a Índia:

- ✔ país que fica na Ásia;
- ✔ é o segundo país mais populoso do mundo;
- ✔ a maior parte dos indianos vive no espaço rural.

- Peça ajuda a um adulto e pesquise na internet uma curiosidade sobre algum país. Você pode pesquisar o modo de vida das pessoas, como alimentação, vestimenta, costumes e o tipo de moradia em que vivem. Pode, também, pesquisar algo interessante na paisagem desse país. Anote o resultado de sua pesquisa no caderno. Depois, mostre para seus colegas.

Fotomontagem: Catalin Petolea e Radiokafka/Shutterstock.com/ID/BR

Menino observando, na tela de um computador, uma rua movimentada em Calcutá, na Índia.

Os símbolos

Nos lugares que conhecemos, podemos encontrar diversos símbolos. Os **símbolos** são imagens que transmitem determinada informação.

1. Veja os símbolos mostrados nas placas de trânsito a seguir. Que informação cada um deles transmite? Escreva seu significado abaixo de cada placa.

Cartografia

______________________ ______________________

Além dos símbolos que podemos ver nas ruas, também os encontramos nos lugares que frequentamos, nas embalagens de produtos que consumimos, nos livros, nas revistas e na internet.

2. Observe os símbolos a seguir.

A

B

Ilustrações: Edson Bellusci

- Com os colegas, identifiquem a informação que cada um dos símbolos transmite. Em seguida, relacionem os símbolos à legenda correspondente.

( ) Produto reciclável.

( ) Não recomendável para crianças de até 3 anos.

Pratique e aprenda

1. Pesquise dois símbolos em livros, revistas ou jornais. Em seguida, recorte os símbolos e cole-os nos espaços abaixo.

Símbolo 1	Símbolo 2

- Agora, escreva a informação que cada um dos símbolos transmite.

Símbolo 1: ______________________________

Símbolo 2: ______________________________

2. As imagens a seguir mostram os lugares que Júlia costuma frequentar em seu cotidiano. Observe.

A

Szasz-Fabian Ilka Erika/Shutterstock.com/ID/BR

Júlia.

Denis Kuvaev/Shutterstock.com/ID/BR

B

Africa Studio/Shutterstock.com/ID/BR

C

Iakov Filimonov/Shutterstock.com/ID/BR

- Marque um **X** nas frases que identificam os lugares que Júlia frequenta em seu cotidiano.

( ) Depois de ir à escola, Júlia costuma ir ao mercado com seus pais.

( ) No período da noite, Júlia e toda a sua família costumam ver televisão na casa onde moram.

( ) Júlia frequenta a escola que está localizada próxima da sua casa.

( ) Nos dias ensolarados, Júlia brinca com seus colegas na praça do bairro onde mora.

( ) No período da tarde, Júlia costuma visitar, com sua mãe, a avó que mora em um sítio.

3. **Os símbolos a seguir representam os lugares que Júlia costuma frequentar. Ligue cada símbolo com o lugar correspondente.**

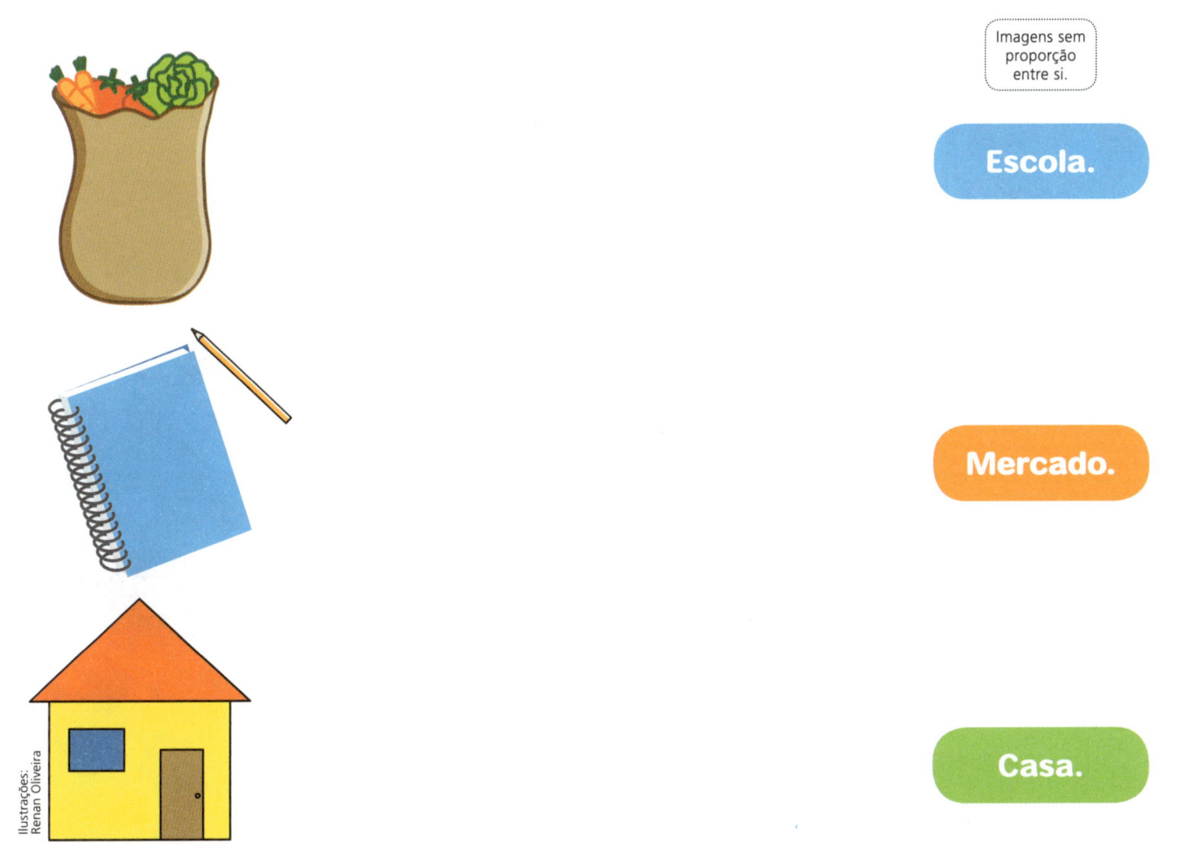

As paisagens dos lugares

Mário gosta de ir com a mãe visitar a avó. Ao longo do caminho que percorrem, eles percebem vários elementos presentes na paisagem. Observe a imagem a seguir e siga a numeração para ler os textos.

- Marque um **X** nos elementos da paisagem que Mário e a mãe percebem no caminho que percorrem.

( ) Sons dos animais.

( ) Indústrias e cheiro de fumaça.

( ) Cheiro das flores.

( ) Várias ruas e prédios.

( ) Barulho de automóveis.

( ) Frescor do vento.

( ) Pessoas e casas.

( ) Calor do Sol.

Ao longo do caminho que percorreram, Mário e sua mãe observaram muitos elementos, como as pessoas, as casas e as lavouras.

No entanto, eles também perceberam outros elementos, como o som dos animais, o frescor do vento, o cheiro das flores, a luz e o calor do Sol.

Esses elementos fazem parte da paisagem do lugar em que estavam.

Existem diferentes maneiras de percebermos os elementos presentes em uma paisagem. Leia a seguir o que as crianças estão dizendo.

stockyimages/Shutterstock.com/ID/BR

PODEMOS UTILIZAR A VISÃO PARA OBSERVAR OS ELEMENTOS PRESENTES NA PAISAGEM E, TAMBÉM, FAZER USO DOS OUTROS SENTIDOS HUMANOS, COMO A AUDIÇÃO, O OLFATO E O TATO.

QUANDO SENTIMOS O CHEIRO DAS FLORES, ESCUTAMOS OS SONS DOS AUTOMÓVEIS E SENTIMOS A AREIA MACIA DA PRAIA, ESTAMOS UTILIZANDO NOSSOS DIFERENTES SENTIDOS PARA PERCEBER OS ELEMENTOS DA PAISAGEM DE UM LUGAR.

KMW Photography/Shutterstock.com/ID/BR

Pratique e aprenda

1. Leia o que Diogo está dizendo. Depois, com base no que ele disse, relacione cada foto abaixo com a descrição correspondente.

NESSE LUGAR EU VEJO LAVOURAS E ANIMAIS NO PASTO. TAMBÉM SINTO O CHEIRO DAS FLORES.

AQUI NESSE LUGAR ESCUTO MUITO BARULHO. NAS RUAS HÁ MUITOS VEÍCULOS E PESSOAS.

Ilustrações: Edson Farias

João Prudente/Pulsar Imagens

( ) Avenida movimentada na cidade de São Bernardo do Campo, São Paulo, em 2017.

Adriano Lima/Folhapress

( ) Propriedade rural no município de Venda Nova do Imigrante, Espírito Santo, em 2014.

Divirta-se e aprenda

Trilha das sensações

Com os colegas e o professor, realize uma atividade com o nome: *Trilha das sensações*.

Para isso, providencie os materiais a seguir.

Materiais:

- plantas com diferentes características
- jornal
- areia
- pó de serragem
- algodão
- folhas secas

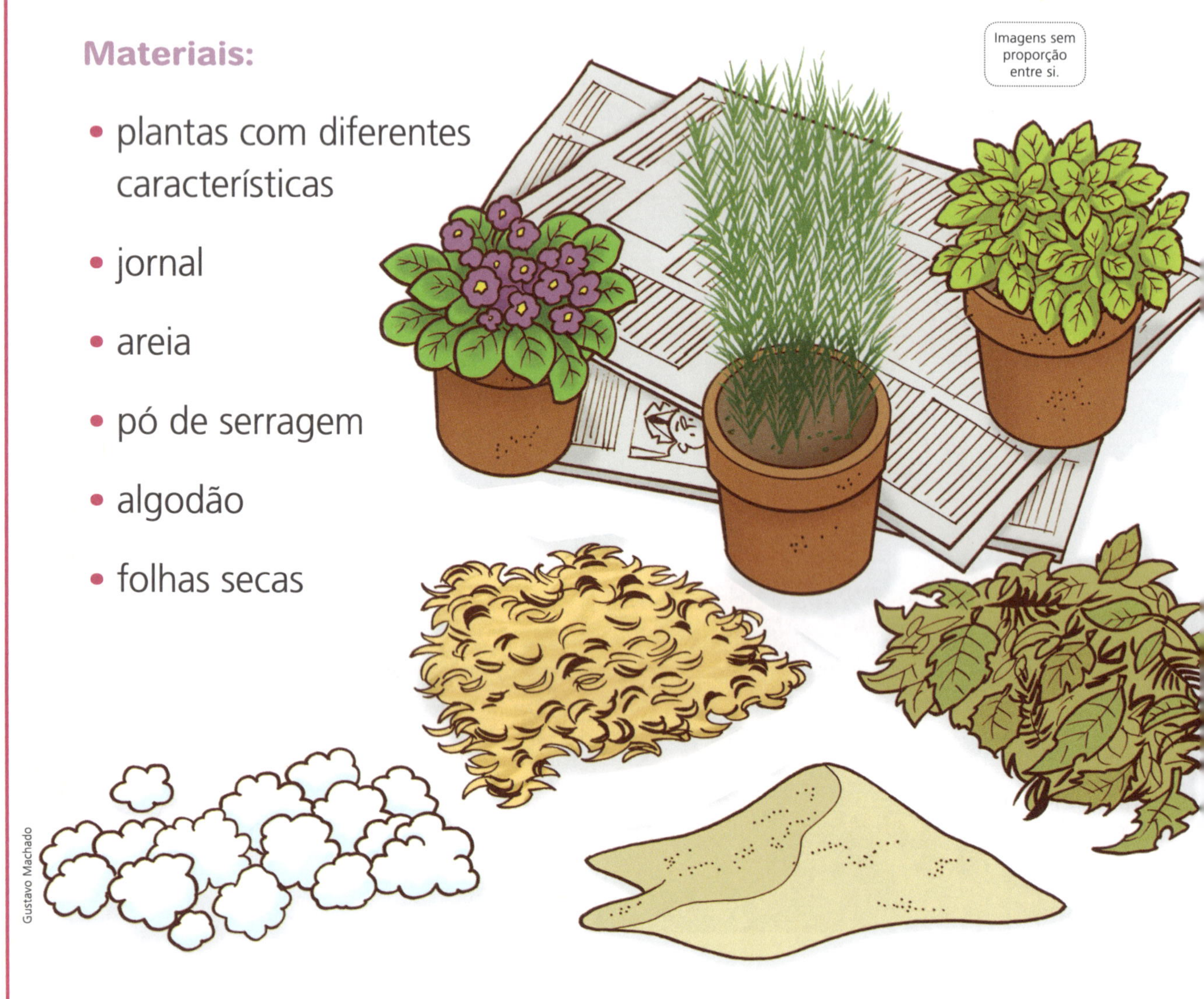

Imagens sem proporção entre si.

Gustavo Machado

a. Você e seus colegas deverão aguardar do lado de fora da sala enquanto a trilha das sensações é preparada pelo professor.

b. Depois, divididos em pequenos grupos, descalços e com os olhos vendados, vocês deverão entrar na sala. O professor os levará até a trilha das sensações.

c. Na trilha, estimulem seus sentidos, como o olfato e o tato, para sentir os elementos. À medida que forem passando pela trilha, acomodem-se próximo a ela para observar os colegas que ainda estão por vir, mas fiquem em silêncio para não atrapalhar a percepção deles.

d. Ao final da atividade, reúna-se com seus colegas para contar quais foram as diferentes sensações percebidas durante a trilha.

Gustavo Machado

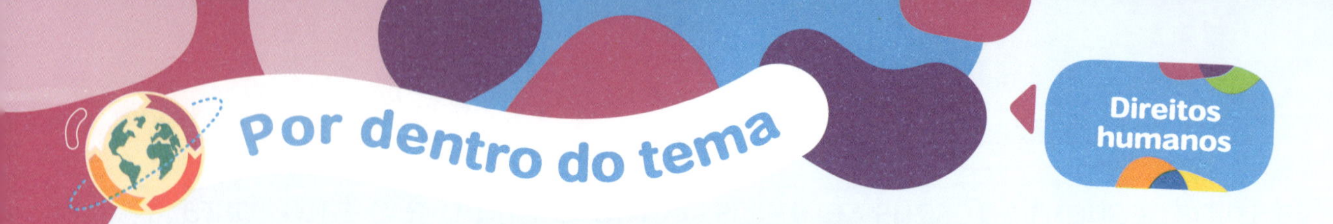

Respeito e direito para todos

Conheça, nas imagens a seguir, um pouco da história de Mariano.

Representação sem proporção de tamanho. Cores-fantasia.

Deivy Lima Costa

Deivy Lima Costa

A dificuldade encontrada por Mariano também é a de muitas pessoas com deficiência. Quando frequentam lugares que não estão adaptados para recebê-las, essas pessoas não têm seus direitos respeitados.

Todos os lugares públicos, além de outros que são de uso comum às pessoas, devem ter adequações que facilitem o acesso e o deslocamento de pessoas com deficiência. Entre essas adequações estão rampas de acesso e sanitários adaptados para cadeirantes, pisos com sinalização para deficientes visuais, vagas reservadas para deficientes, entre outras.

- **Nos lugares que você costuma frequentar existem adaptações para pessoas com deficiência? Cite alguns exemplos para os colegas.**

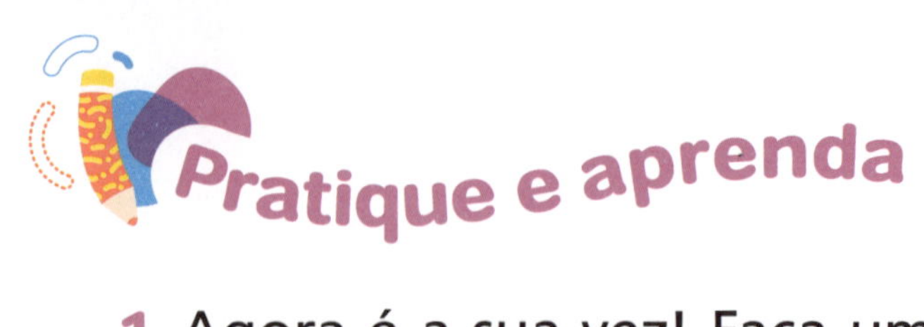

1. Agora é a sua vez! Faça um desenho de uma paisagem que conheça. Depois, escreva quais sentidos humanos você utiliza para perceber essa paisagem.

2. Imagine que você está no lugar mostrado na foto abaixo. Em seguida, circule os elementos que podem ser percebidos e identificados nessa paisagem.

Praia do Sueste, em Fernando de Noronha, Pernambuco, em 2016.

Andre Dib/ Pulsar Imagens

casas pessoas rua vegetação lavoura areia veículos mar

Aprenda mais!

O filme *Lineia no jardim de Monet* conta a história da menina Lineia, que faz uma viagem à França e conhece alguns lugares, como a casa de Monet, seu jardim e também a arte e a cultura do país por meio das paisagens.

Lineia no jardim de Monet (Linnea i målarens trädgård). Direção de Christina Björk; Lena Anderson. Suécia: Linneafilm, Sveriges Television, Nordisk Film & TV-Fond, Statens Filmcentral, Svenska Filminstitutet, 1992. (30 min.).

O livro *Vendo sem enxergar...* desperta a sensibilidade ao mostrar um garoto descobrindo que a paisagem pode ser explorada não apenas com a visão, mas com todos os outros sentidos.

Vendo sem enxergar..., de Mauricio de Sousa. Ilustrações de Anderson Mahanski. São Paulo: Globo, 2009 (Coleção Contos de Mauricio de Sousa).

Ponto de chegada

1. Dos modos de vida dos povos e populações tradicionais que você conheceu nesta unidade, qual foi o que mais lhe chamou a atenção? Por quê?

2. Leia a afirmação a seguir.

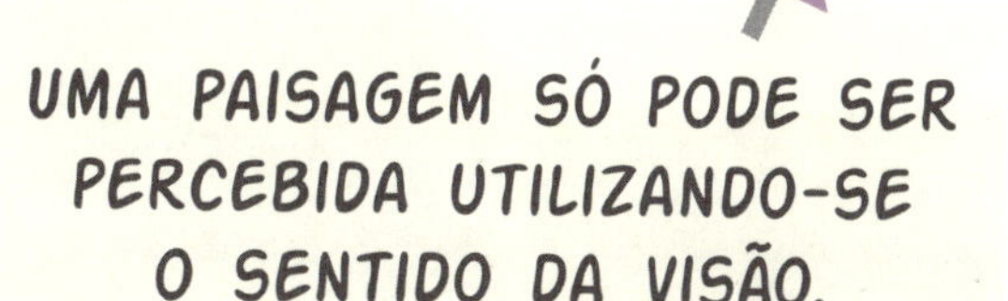

- Depois de seus estudos, você considera a afirmação acima correta? Explique sua resposta para os colegas.

unidade

2 Os elementos das paisagens

João Prudente/Pulsar Imagens

Paisagem do município de Pancas, Espírito Santo, em 2015.

Ponto de partida

1. O que mais chama sua atenção na paisagem retratada na foto? Conte para seus colegas.
2. Na paisagem, quais são os elementos criados pela natureza? E quais são os elementos construídos pelas pessoas?

As paisagens e seus elementos

As paisagens podem ser formadas por elementos da natureza, chamados de **elementos naturais**, e também por elementos construídos pelos seres humanos, chamados de **elementos culturais**. Observe a paisagem retratada na foto a seguir.

João Prudente/Pulsar Imagens

Vista do município de Governador Valadares, Minas Gerais, em 2016.

- **Marque um X na frase que define, corretamente, os elementos naturais e os elementos culturais mostrados na foto.**

◯ Os elementos naturais da paisagem são os morros, as plantas, as nuvens e o rio. Os elementos culturais da paisagem são as casas, as ruas, os veículos e a ponte.

◯ Os elementos culturais da paisagem são os morros, as plantas, as nuvens e o rio. Os elementos naturais da paisagem são as casas, as ruas, os veículos e a ponte.

Pratique e aprenda

1. Observe a paisagem retratada na foto abaixo.

Luis Salvatore/Pulsar Imagens

Cultivo de flores no município de Ubajara, Ceará, em 2017.

- Marque um **X** na alternativa que descreve corretamente a paisagem da foto.

( ) O elemento que mais se destaca na paisagem é natural e pode ser cultivado pelas pessoas.

( ) Todos os elementos presentes na paisagem retratada são naturais.

2. Imagine que você esteja no lugar mostrado na foto acima. Em seguida, responda às questões a seguir.

a. O que você observaria na paisagem?

____

____

b. Que cheiros você poderia sentir?

____

____

Paisagem natural

Quando uma paisagem apresenta apenas elementos naturais, ela é conhecida como **paisagem natural**. Uma paisagem natural existe quando não há interferência dos seres humanos sobre ela.

A foto a seguir retrata uma paisagem da floresta Amazônica no município de Manaus, Amazonas, em 2016. Perceba que ela é formada por elementos naturais.

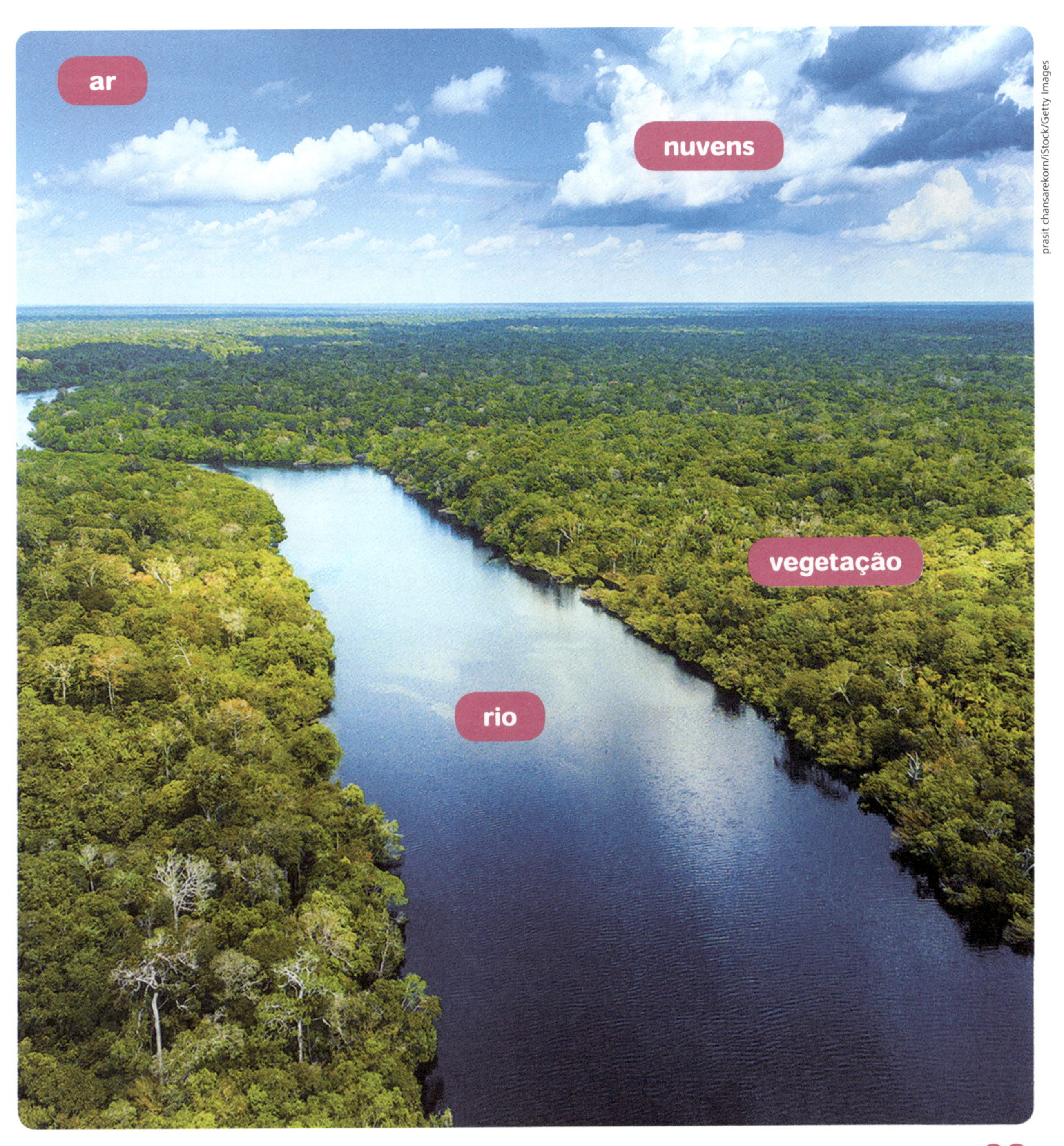

prasit chansarekorn/iStock/Getty Images

Patrimônio natural da humanidade

Alguns lugares apresentam paisagens com elementos naturais de grande importância para o mundo. São áreas onde existem espécies animais e vegetais e formações naturais, como vegetação, rios, cachoeiras e formas de relevo, de rara beleza.

Buscando conservar esses lugares para as gerações futuras, a Organização das Nações Unidas para a Educação, a Ciência e a Cultura (Unesco) reconheceu esses lugares como patrimônio natural da humanidade, para que sejam protegidos e conservados.

Veja, a seguir, alguns patrimônios naturais da humanidade.

Roberto Michel/Shutterstock.com/ID/BR

A **Reserva da Biosfera Borboleta Monarca** apresenta áreas de floresta utilizadas como abrigo por milhares de borboletas da espécie monarca, que migram todos os anos para esse lugar. Na foto, vista da Reserva da Biosfera Borboleta Monarca, no México, em 2017.

Fotos593/Shutterstock.com/ID/BR

O **Parque Nacional do Iguaçu** apresenta cerca de 275 quedas-d'água e abriga grande diversidade de espécies animais e vegetais. O parque está localizado entre Brasil e Argentina. Na foto, vista do Parque Nacional do Iguaçu, no Brasil, em 2016.

- **Observando as imagens, cite com os colegas os elementos naturais que identificam em cada lugar e a importância de serem preservados.**

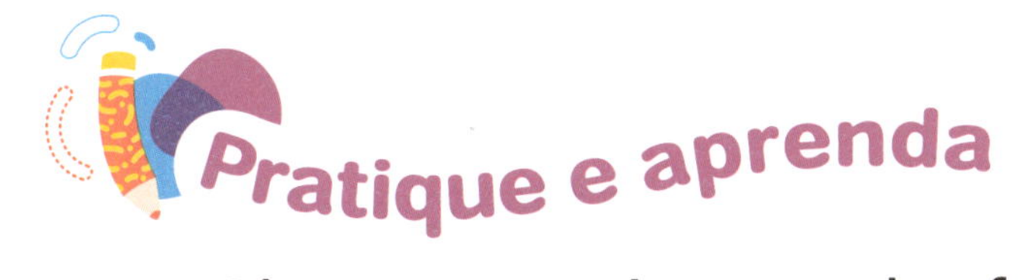

1. Observe as paisagens das fotos a seguir. Elas retratam outros lugares que também são patrimônio natural da humanidade.

A

Daniel Hurlimann/Shutterstock.com/ID/BR

O **Parque Nacional do Serengeti**, localizado em áreas da Tanzânia e do Quênia, na África, abriga muitas espécies de animais. Na foto, Parque Nacional do Serengeti, em 2017.

B

Frommenwiler Fredy/Glow Images

O **Parque Nacional de Purnululu**, localizado na Austrália, apresenta belas formas de relevo e cavernas formadas há milhões de anos. Na foto, vista do Parque Nacional Purnululu, na Austrália, em 2014.

- Observe os elementos das paisagens das fotos **A** e **B**. Em seguida, relacione a letra de cada foto com as palavras a seguir.

( ) África.	( ) rochas.	( ) árvores.
( ) caverna.	( ) zebras.	( ) Austrália.

Paisagem cultural

Grande parte das paisagens existentes na superfície do planeta já passou por transformações provocadas pelo ser humano. Dessa maneira, pode-se dizer que a maior parte das paisagens apresenta elementos culturais.

Quando uma paisagem apresenta muitos elementos culturais, dizemos que se trata de uma **paisagem cultural**.

Observe a paisagem retratada na foto a seguir.

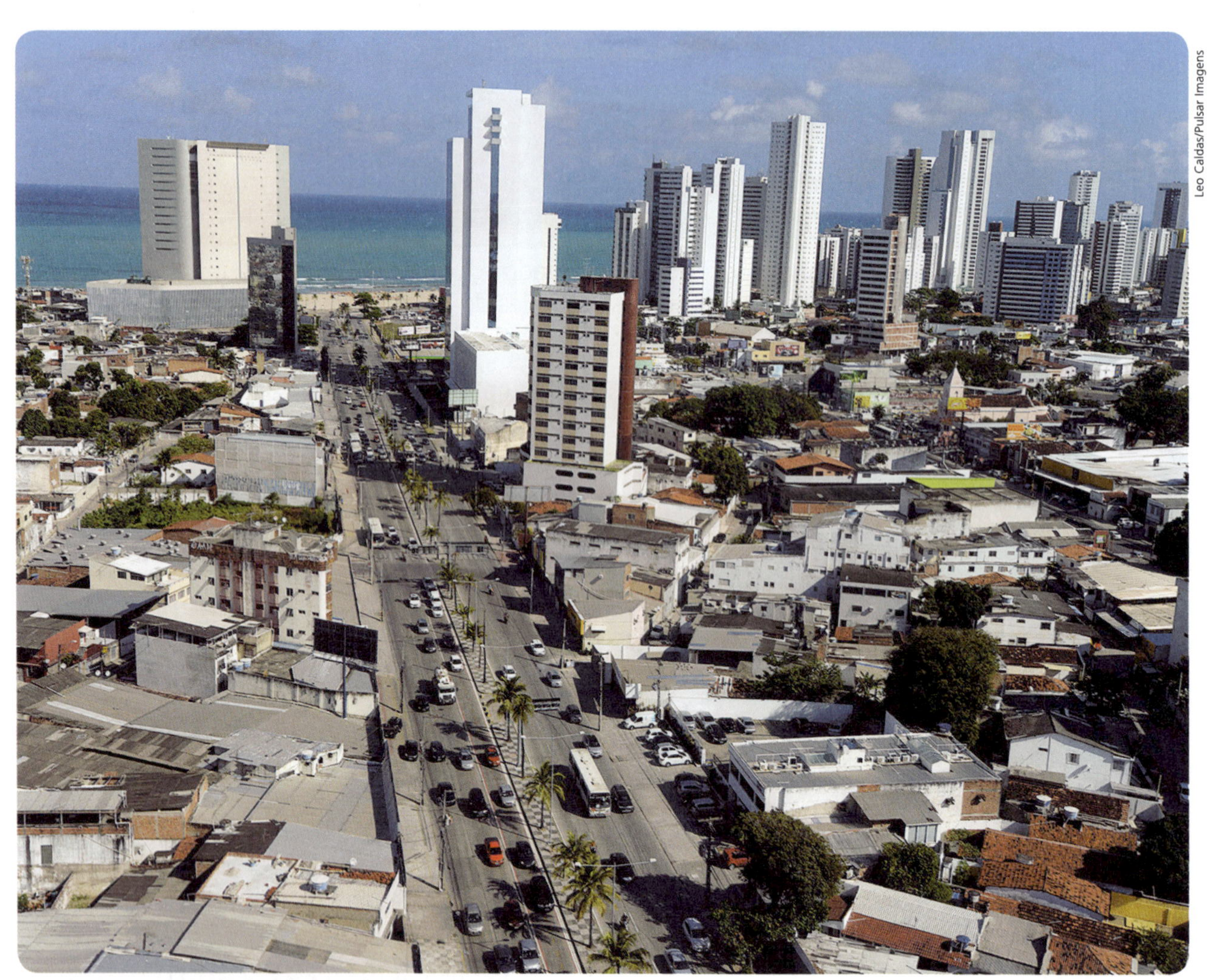

Leo Caldas/Pulsar Imagens

Paisagem da cidade de Recife, Pernambuco, em 2016.

- Por que podemos considerar a paisagem retratada acima como uma paisagem cultural? Converse com seus colegas sobre esta questão.

Que curioso!

As paisagens e a interferência humana

Atualmente, a maior parte das paisagens terrestres apresenta elementos culturais. Isso porque o ser humano começou a ocupar, até mesmo, lugares onde as condições naturais não são propícias para a vida humana, como áreas de deserto muito secas ou regiões polares onde é muito frio.

Por isso, as paisagens naturais são cada vez mais raras.

Os seres humanos, ao longo do tempo, foram desenvolvendo maneiras de se adaptar e viver melhor nos lugares mais inóspitos do mundo. Podemos observar isso na presença de elementos culturais nas paisagens desses lugares.

Veja os exemplos a seguir.

Aleksandra Suzi/Shutterstock.com/ID/BR

A foto ao lado mostra habitações construídas em um lugar onde o clima é muito frio durante todo o ano.

Povoado localizado na cidade de Longyearbyen, na Noruega, em 2015.

Sun_Shine/Shutterstock.com/ID/BR

Na foto ao lado, observamos moradias construídas em um lugar onde o clima é muito seco durante todo o ano.

Povoado no deserto do Saara, na Argélia, em 2017.

Patrimônios culturais da humanidade

Existem paisagens que se destacam por abrigar elementos culturais de grande importância, não somente para o local onde estão situados, mas também para o mundo. A Unesco chamou esses elementos de **patrimônios culturais da humanidade**. Ao reconhecê-los como patrimônio, a Unesco busca garantir sua preservação para as gerações futuras.

Observe, na foto a seguir, um dos patrimônios culturais da humanidade.

Leonid Andronov/iStock/Getty Images

Os patrimônios culturais são representados por elementos culturais que possuem valor histórico, artístico ou científico para a humanidade. Monumentos, esculturas, pinturas e obras de arquitetura são exemplos de patrimônios culturais.

a. **Você conhece ou sabe onde fica algum patrimônio cultural da humanidade? Qual?**

b. **No lugar onde você mora existem patrimônios culturais da humanidade? Troque ideias com os colegas.**

As pirâmides dos faraós Miquerinos, Quefrén e Quéops estão localizadas na cidade de Gizé, próxima ao Cairo, capital do Egito. Elas foram construídas aproximadamente a partir de 2 470 anos a.C., para serem o túmulo desses faraós. As pirâmides de Gizé foram inscritas na lista dos patrimônios culturais da humanidade em 1979.

Na foto, vista das pirâmides em Gizé, no Egito, em 2015.

a.C.: sigla que significa antes do nascimento de Cristo e que situa temporalmente uma data no calendário que utilizamos

1. Pesquise em revistas, jornais e na internet a foto de uma paisagem. Recorte e, depois, cole essa imagem no espaço abaixo.

- Identifique os elementos da paisagem observada na foto que você colou no espaço acima. Em seguida, escreva-os e classifique-os, no quadro abaixo, em **elementos naturais** e **elementos culturais**.

Elementos naturais	Elementos culturais

2. O que você observa nas paisagens retratadas em cada uma das fotos? Escreva, ao lado das imagens, os elementos presentes em cada paisagem.

Delfim Martins/Pulsar Imagens

Vista do rio São Francisco, no município de São Roque de Minas, Minas Gerais, em 2017.

B

FlavioAquino/iStock/Getty Images

Vista da cidade de Natal, Rio Grande do Norte, em 2016.

- Agora, relacione as fotos às frases correspondentes.
  - ( ) Paisagem onde predominam elementos culturais.
  - ( ) Paisagem onde predominam elementos naturais.

Croqui: o desenho de uma paisagem

Observe a foto abaixo. Em seguida, identifique os elementos que mais se destacam na paisagem retratada.

Praia de Itararé, no município de Itararé, São Paulo, em 2017.

Agora, veja no desenho abaixo como a paisagem acima e seus elementos foram representados em um croqui.

O **croqui** da paisagem é um desenho que representa uma paisagem e seus elementos de maneira simples. Esse desenho pode ser elaborado mediante a observação de uma foto, uma pintura ou mesmo quando se observa diretamente uma paisagem.

Pratique e aprenda

1. Observe a paisagem retratada na foto a seguir.

João Prudente/Pulsar Imagens

Propriedade rural no município de Moeda, Minas Gerais, em 2016.

- Agora, no espaço a seguir, faça um croqui da paisagem retratada na foto da página **39**.

2. Com base em nossos estudos sobre croqui, marque um X na afirmativa correta.

◯ O croqui representa um desenho em que apenas os elementos naturais das paisagens são desenhados.

◯ O croqui da paisagem é um desenho que representa os elementos naturais e culturais da paisagem, de maneira simplificada.

Aprenda mais!

O livro *A cidade muda* conta a história do personagem Juca, que conhece muitas pessoas na rua onde mora, em um tranquilo bairro da cidade.

Porém, a paisagem da rua e do bairro vai se transformando rapidamente com o crescimento da cidade. As pessoas vão ficando cada vez mais caladas e distantes umas das outras. Essas mudanças entristecem Juca, que busca encontrar uma solução para essa situação.

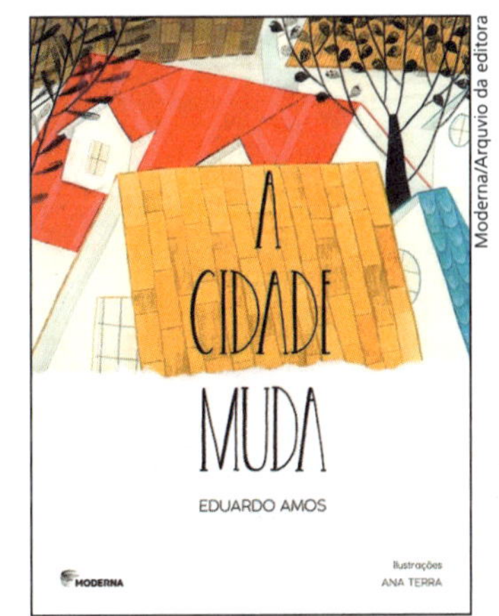

Moderna/Arquivo da editora

A cidade muda, de Eduardo Amos. Ilustrações de Ana Terra. 2. ed. São Paulo: Moderna, 2016 (Coleção Girassol).

As paisagens brasileiras são retratadas no livro *Vistas e paisagens do Brasil*. Nele, são apresentadas belas pinturas de renomados artistas que, através de suas obras, mostram diferentes paisagens do nosso país.

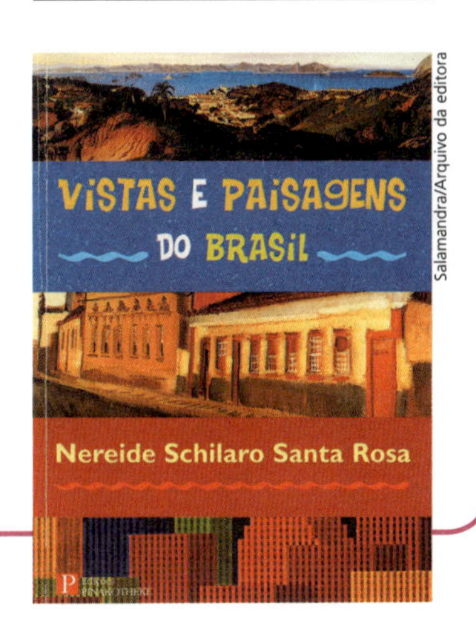

Salamandra/Arquivo da editora

Vistas e paisagens do Brasil, de Nereide Schilaro Santa Rosa. Rio de Janeiro: Pinakotheke, 2005.

Ponto de chegada

1. Observando a paisagem da página **39**, identifique quais são os elementos naturais e quais são os elementos construídos pelas pessoas.
2. Por que podemos afirmar que as paisagens naturais são cada vez mais raras? Troque ideias com seus colegas sobre essa questão.
3. Se alguém lhe dissesse que a paisagem da rua da escola onde estuda é uma paisagem natural, o que você diria a essa pessoa? Diria que a afirmação está correta ou que está errada? Justifique sua resposta.

unidade

3 As paisagens são transformadas pela natureza

Andre Dib/Pulsar Imagens

Leito do rio Gameleiras em período de seca, no município de Gameleiras, Minas Gerais, em 2015.

Ponto de partida

1. A foto retrata uma paisagem com um rio. O que mais chama a sua atenção na imagem? Converse com seus colegas.

2. Em sua opinião, o que explica o aspecto do rio retratado na foto?

As paisagens e a ação dos elementos da natureza

A ação dos elementos da natureza também transforma as paisagens. As fotos a seguir retratam o mesmo tipo de vegetação, a Caatinga. No entanto, a ocorrência de chuvas transformou a paisagem do local.

1. Marque um **X** na foto que mostra a paisagem da Caatinga no período de ocorrência de chuvas.

( )

Delfim Martins/Pulsar Imagens

Vegetação de Caatinga no período de chuvas, no município de Cabrobó, Pernambuco, em janeiro de 2010.

( )

Delfim Martins/Pulsar Imagens

Vegetação de Caatinga no período de seca, no município de Cabrobó, Pernambuco, em agosto de 2010.

2. Observando as fotos acima, descreva como era a paisagem da Caatinga no período de chuvas (em janeiro de 2010) e como ficou no período de seca (em agosto de 2010).

Assim como a ação da água das chuvas, outros elementos da natureza também modificam as paisagens. Entre eles, podemos citar os rios, os mares, o vento, o calor e a luz do Sol.

Veja, a seguir, alguns exemplos de paisagens que foram transformadas pela ação dos elementos da natureza.

Imagens sem proporção entre si.

Água das chuvas

A ocorrência de chuvas intensas pode provocar o **deslizamento de terras** em áreas de terrenos inclinados, como os morros. A grande quantidade de chuvas torna o solo, nesses locais, encharcado e escorregadio. Com isso, grandes porções de terra podem deslizar para as partes mais baixas do terreno.

Zô Guimarães/Folhapress

Luciane Mori

Deslizamento de encosta, no município de Petrópolis, Rio de Janeiro, em 2016.

Água do mar

As ondas do mar provocam o desgaste das rochas que estão à beira-mar, formando imensos paredões. Esses paredões são chamados **falésias**.

Rogério Reis/Pulsar Imagens

Luciane Mori

Falésia na Praia do Madeiro, no município de Tibau do Sul, Rio Grande do Norte, em 2013.

Pratique e aprenda

1. Observe as fotos a seguir.

Fabio Colombini/Acervo do fotógrafo

Vista de lagoa no Pantanal na estação de seca, no município de Poconé, Mato Grosso, em setembro de 2013.

Fabio Colombini/Acervo do fotógrafo

Vista da mesma lagoa no Pantanal na estação de chuvas, no município de Poconé, Mato Grosso, em fevereiro de 2014.

a. Que transformações podemos observar na paisagem retratada acima?

____

____

____

____

b. Que elemento da natureza ocasionou a transformação da paisagem?

____

c. Troque ideias com os colegas e identifiquem como a água transforma a paisagem do lugar onde vocês vivem. Anote as informações no caderno.

2. O texto a seguir descreve transformações ocorridas em uma paisagem.

> [...] Seria um verde só, o milharal empendoado, o feijão crescido, e um mundo de borboletas enfeitando tudo. Para essa lindeza de paisagem só faltavam as chuvas, que não queriam descer do céu, para acabar com o sofrimento de todos e transformar o vale numa vasta região de fartura. [...]
>
> A chuva veio pra valer. Um verdadeiro temporal.
>
> [...]
>
> Seguiram-se dias de chuvas constantes, alternados por dias ensolarados. A lavoura crescia em todos os roçados, o gado engordava, o rio mantinha-se correndo no leito [...]
>
> *Quando o Sertão virou mar*, de Caio Porfírio Carneiro. São Paulo: Companhia Editora Nacional, 1986. p. 16, 30 (Coleção Passe Livre, v. 53).

empendoado: florescido

a. De acordo com o texto, que elementos da natureza modificaram as paisagens?

____

____

b. Que transformações ocorreram na paisagem depois da chegada da chuva?

____

____

____

____

Ventos

O movimento do ar, ou seja, o vento, ao se deslocar, carrega partículas de areia e de cascalho da superfície. Essas partículas, ao serem movidas pelo vento, se chocam contra diferentes formas de relevo. Ao longo do tempo, essas formas de relevo são desgatadas e são, continuamente, modificadas.

relevo: conjunto de formas da superfície terrestre

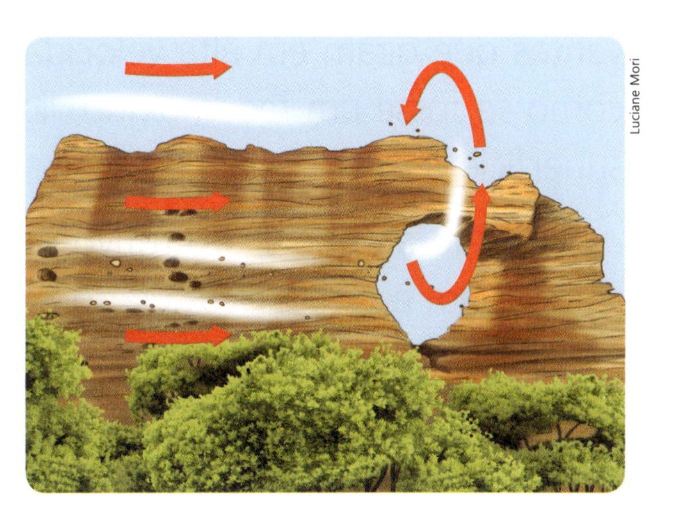

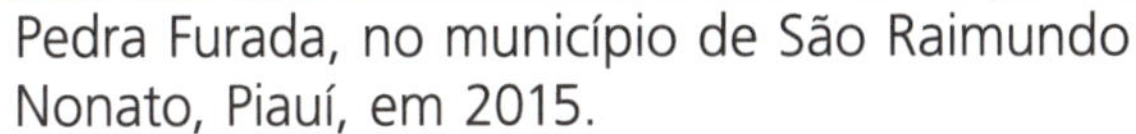
Pedra Furada, no município de São Raimundo Nonato, Piauí, em 2015.

Ao se deslocar rapidamente, com grande intensidade e velocidade, o vento também transforma as paisagens. A força do vento, nesses casos, chega a derrubar árvores, destruir casas, pontes e lavouras, entre outros danos.

Moradias destruídas após a passagem de ventos fortes em Yancheng, China, em 2016.

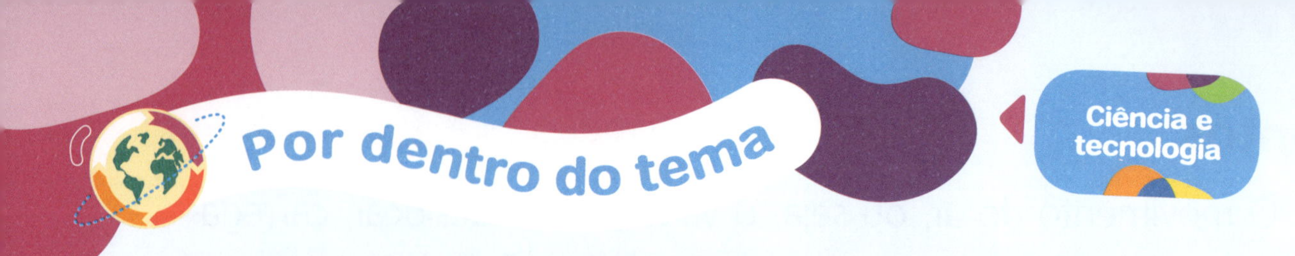

Os tornados na mira da pesquisa

Você já ouviu falar em tornado?

Tornado é um fenômeno natural que pode causar grandes transformações nas paisagens. Ele é um tipo de tempestade com ventos que giram em alta velocidade e formam uma coluna de ar, como se fosse um redemoinho, ligando a nuvem de chuva e a superfície terrestre.

Devido ao poder destrutivo dos tornados, muitos pesquisadores se dedicam a estudar esse fenômeno.

Utilizando diversas tecnologias, como imagens de satélites, programas de computador e radares, os pesquisadores buscam entender características desse fenômeno, entre elas velocidade e direção de deslocamento do vento, umidade e temperatura.

Dependendo da intensidade de um tornado, ele pode deixar a área por onde passa totalmente destruída. Sua força pode arrancar e levar consigo pedaços de construções, vegetações, veículos e até causar a morte de muitas pessoas. Na foto, área atingida por um tornado na cidade de Wynnewood, Oklahoma, Estados Unidos, em 2016.

Roger Hill/Barcroft Images/ Getty Images

Com essas informações, é possível produzir previsões de quando um tornado irá ocorrer e, com base nelas, a população é alertada para se proteger dos ventos destrutivos desse fenômeno. Por isso, esses estudos são de extrema importância para a sociedade.

- **Você considera pesquisas como estas, relacionadas aos tornados, importantes para a sociedade? Por quê? Converse com seus colegas sobre esse assunto.**

Caçadores de tornados

Caçadores de tornados são pessoas que se aventuram a encarar um tornado bem de perto.

Entre os caçadores de tornados estão pesquisadores que decidem observar esse fenômeno a curta distância. Há pessoas também que encaram essa façanha porque gostam de se aventurar e, também, capturar imagens e se aproximar, ao máximo, desse fenômeno.

Sebastian Enache/Shutterstock.com/ID/BR

Na foto, caçadores de tornados na cidade de Enid, Oklahoma, nos Estados Unidos, em 2017.

Jason Persoff Stormdoctor/Imagesource/Glow Images

Que curioso!

A ação dos elementos da natureza pode resultar em paisagens curiosas e diferentes, que lembram, por exemplo, objetos ou animais. Veja as fotos abaixo.

Imagens sem proporção entre si.

Andre Dib/Pulsar Imagens

Formação conhecida como Pedra da Tartaruga, no Parque Nacional de Sete Cidades, no município de Piracuruca, Piauí, em 2014.

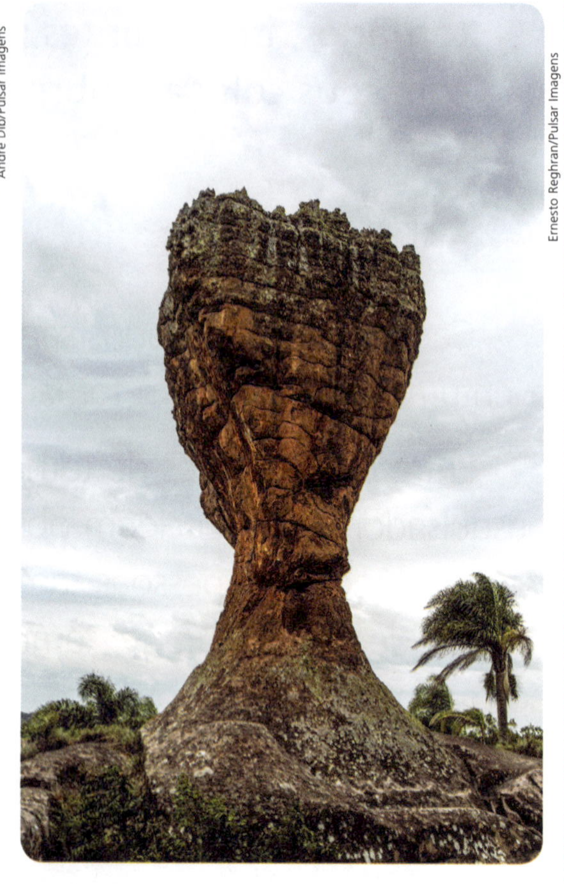

Ernesto Reghran/Pulsar Imagens

Na foto ao lado, formação rochosa que lembra uma taça, no Parque Estadual de Vila Velha, no município de Ponta Grossa, Paraná, em 2017.

Mauricio Simonetti/Pulsar Imagens

Formação conhecida como Pedra da Galinha Choca, no município de Quixadá, Ceará, em 2015.

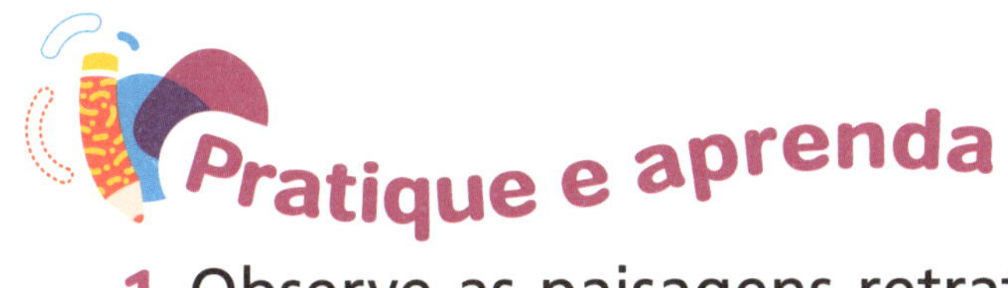

Pratique e aprenda

1. Observe as paisagens retratadas nas fotos abaixo.

Imagens sem proporção entre si.

A

Tales Azzi/Pulsar Imagens

Vista de falésia na Praia da Pipa, no município de Tibau do Sul, Rio Grande do Norte, em 2017.

B

Andre Dib/Pulsar Imagens

Formação rochosa no Parque Nacional do Catimbau, no município de Buíque, Pernambuco, em 2014.

- Agora, complete as informações do quadro a seguir.

Foto	Elemento transformador	Descrição da transformação na paisagem
A	______________________ ______________________	As ondas do mar, ao se chocarem contra as rochas que estão à beira-mar, formam paredões e, também, modificam as praias.
_____	Vento e partículas de areia.	______________________ ______________________ ______________________ ______________________

Terremoto

Algumas transformações nas paisagens terrestres são provocadas por movimentações originadas no interior do planeta. Esses movimentos causam abalos ou tremores que são sentidos na superfície da Terra. Esse fenômeno é chamado **terremoto**.

Luciane Mori

Quando os tremores são muito intensos, podem transformar o relevo de um lugar, por exemplo, com a abertura de fendas no solo.

Além de modificar o relevo, os terremotos também podem destruir construções humanas, como casas, estradas, pontes, entre outras.

fendas: rachaduras ou fissuras formadas na superfície terrestre

Destruição provocada por terremoto, na cidade de Portoviejo, Equador, em 2016.

Fotos593/Shutterstock.com/ID/BR

Vulcão

Além dos terremotos, os movimentos que ocorrem no interior do planeta também podem provocar a saída do magma para a parte externa da Terra, atingindo a superfície e transformando a paisagem do lugar.

O magma chega até a superfície da Terra por meio dos vulcões. Ao sair para a superfície, o magma se resfria, endurece e se transforma em rochas que dão origem a novas formas de relevo.

magma: material pastoso e quente existente no interior do planeta Terra

vulcões: abertura da superfície terrestre por onde, normalmente, é expelido o magma; muitas vezes, os vulcões possuem forma de um cone

Luciane Mori

GENNADY TEPLITSKIY/Shutterstock.com/ID/BR

Vulcão Kamchatka em erupção, na penísula Kamchatka, Rússia, em 2016.

1. Leia a manchete de jornal a seguir. Em seguida, responda às questões.

Vulcão Calbuco volta a entrar em erupção no Chile

Vulcão Calbuco volta a entrar em erupção no Chile. *G1*, São Paulo, 30 abr. 2015. Disponível em: <http://g1.globo.com/mundo/noticia/2015/04/vulcao-calbuco-volta-entrar-em-erupcao-no-chile.html>. Acesso em: 3 nov. 2017.

a. Que elemento da natureza a manchete de jornal menciona?

____

b. Que fenômeno ocorre devido aos movimentos originados no interior do planeta e que também transforma as paisagens?

____

2. Complete corretamente as frases com as palavras do quadro abaixo.

terremotos
Terra
paisagens

a. As ______________ podem ser transformadas por meio de movimentos do interior do planeta ______________.

b. Os tremores na superfície terrestre causados por movimentos no interior do planeta são chamados ______________.

Aprenda mais!

De um jeito divertido, o livro *Nosso amigo ventinho* mostra a importância do vento.

Ventinho faz com que os pescadores consigam velejar seus barcos e as lavadeiras secar suas roupas, mas a tarefa mais difícil do personagem é evitar que uma feroz tempestade acabe com a festa das crianças da escola onde ele sempre costuma passear.

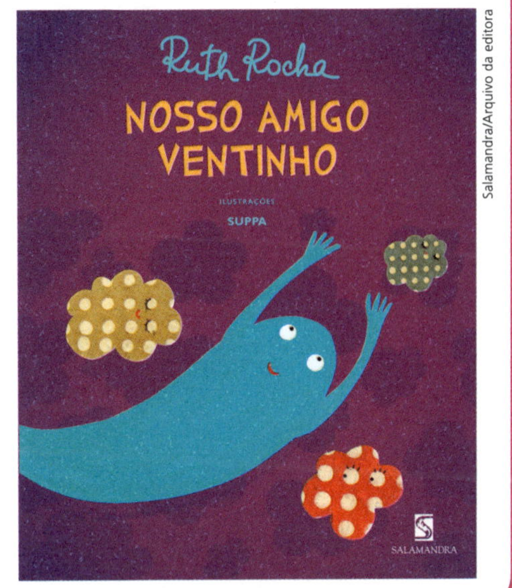

Salamandra/Arquivo da editora

Nosso amigo ventinho, de Ruth Rocha. Ilustrações de Suppa. São Paulo: Salamandra, 2009.

Ponto de chegada

1. Cite dois exemplos de elementos da natureza que transformam as paisagens.

2. Você tem observado transformações ocorridas pela ação dos elementos da natureza em paisagens de lugares que costuma frequentar? Faça um desenho retratando uma dessas transformações. Depois apresente-o para seus colegas.

3. Leia o provérbio a seguir.

provérbio: frase curta que expressa conhecimento e sabedoria popular

Água mole em pedra dura tanto bate até que fura.

Texto de origem popular.

- Qual dos exemplos estudados nesta unidade, sobre transformação nas paisagens pelos elementos da natureza, está relacionado a esse provérbio? Justifique sua resposta para os colegas.

unidade

4 As paisagens são transformadas pelos seres humanos

Obra de duplicação em ponte sobre o rio Acaray, em Hernandarias, Paraguai, em 2016.

Du Zuppani/Pulsar Imagens

Ponto de partida

1. Que transformação está sendo realizada na paisagem retratada na foto?
2. Além da transformação mostrada, de que outras maneiras os seres humanos podem modificar as paisagens?

O ser humano e as paisagens

As paisagens não são transformadas apenas pela ação de elementos da natureza. Em muitas delas, as mudanças ocorridas são realizadas pelos seres humanos.

As pessoas transformam as paisagens por diferentes motivos, como pela necessidade de produzir alimentos, de consumir produtos, de construir moradias, de abrir novos caminhos por meio de ruas e estradas, extrair recursos da natureza, etc. Portanto, as pessoas, por meio do trabalho, transformam as paisagens para atender às suas necessidades.

Observe esta foto.

Trabalhador rural colhendo mandioca no espaço rural do município de Itaguajé, Paraná, em 2017.

Ernesto Reghran/ Pulsar Imagens

Transformando a paisagem para a geração de energia

Em diversos países do mundo, as pessoas constroem usinas hidrelétricas para gerar energia elétrica.

Para construir uma usina hidrelétrica, as pessoas transformam intensamente um trecho do rio e a paisagem do entorno. Essas alterações podem causar vários danos ao meio ambiente e à população que vive em áreas próximas ao rio. Veja como isso ocorre.

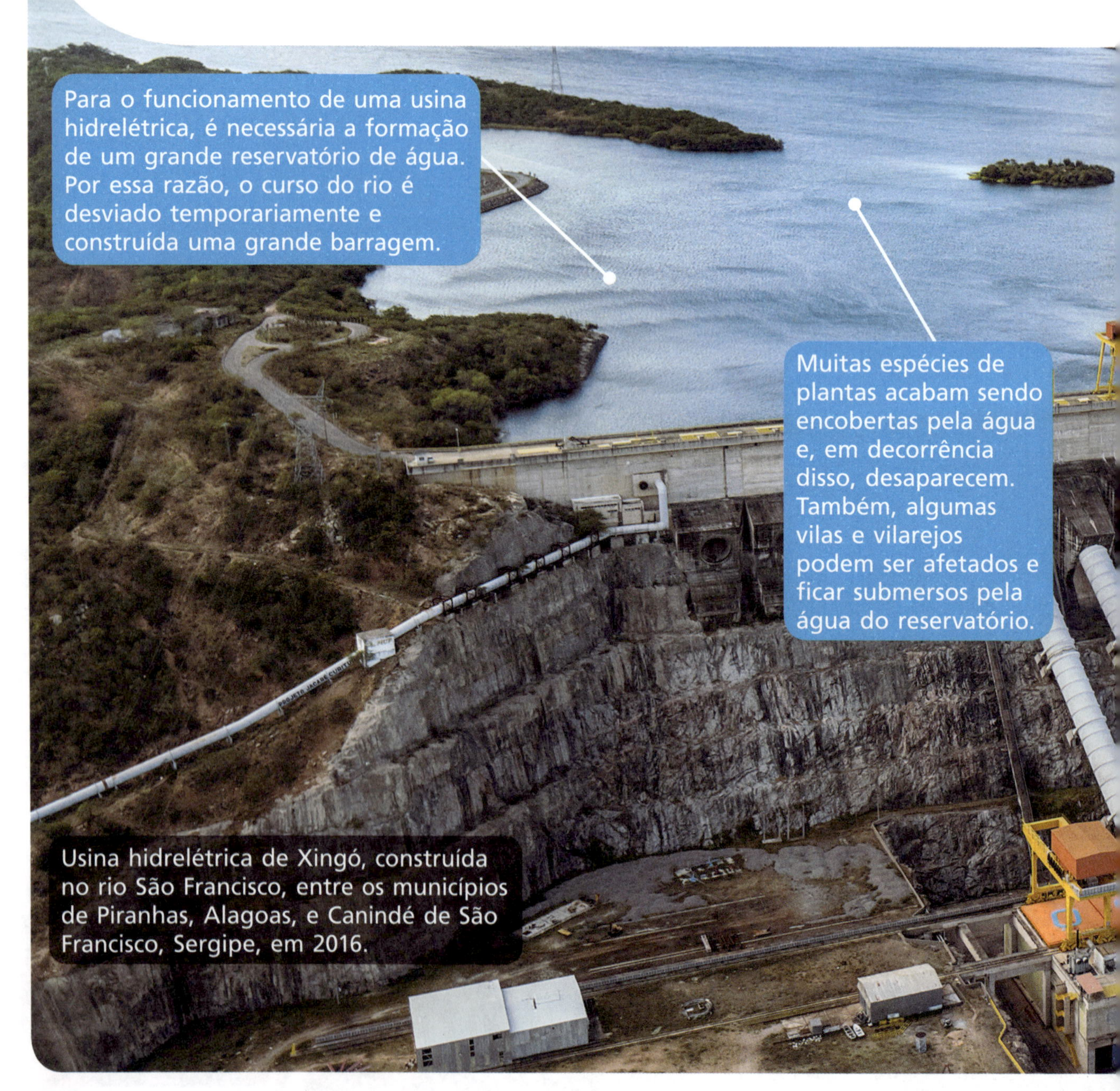

Usina hidrelétrica de Xingó, construída no rio São Francisco, entre os municípios de Piranhas, Alagoas, e Canindé de São Francisco, Sergipe, em 2016.

Além dos problemas mencionados, a construção de uma usina hidrelétrica pode comprometer o abastecimento de água das populações que vivem nas proximidades.

Isso ocorre devido ao grande volume de água que passa a ficar acumulado no reservatório e faz o fluxo de água, no trecho do rio que segue após a usina, diminuir significativamente.

A água que era utilizada para o abastecimento da população e, também, destinada para a irrigação na agricultura e para a criação de animais, passa a ser represada e utilizada para a geração de energia elétrica.

Andre Dib/Pulsar Imagens

- Como sabemos, a água é muito importante para os seres vivos. Converse com seus colegas sobre a importância de cuidarmos do consumo deste recurso natural em nosso dia a dia.

Pratique e aprenda

1. Ligue os textos que descrevem as transformações nas paisagens às fotos correspondentes.

Imagens sem proporção entre si.

A paisagem foi modificada com a construção de usina hidrelétrica para obtenção de energia.

Cesar Diniz/Pulsar Imagens

A paisagem foi transformada para a extração de minérios, que são utilizados na fabricação de diversos produtos.

Luciana Whitaker/Pulsar Imagens

A paisagem é transformada com a construção de ruas, estradas e túneis para facilitar o deslocamento de pessoas e mercadorias.

Cesar Diniz/Pulsar Imagens

2. No espaço abaixo, desenhe alguma transformação que está ocorrendo, ou que ocorreu, no lugar onde você mora.

3. Agora, escreva um dos motivos que, em sua opinião, tem levado as pessoas a realizarem essa transformação na paisagem.

Divirta-se e aprenda

Procurando as transformações

A imagem a seguir retrata pessoas transformando uma paisagem de diferentes maneiras. Vamos descobrir quais são essas transformações?

- Marque um **X** nas frases que retratam as transformações que estão ocorrendo na paisagem.

( ) A igreja está sendo pintada.

( ) A lavoura está sendo colhida.

( ) Uma rua está sendo pavimentada.

Representação sem proporção de tamanho. Cores-fantasia.

- ( ) O telhado da escola está sendo reformado.
- ( ) Casas estão sendo construídas em área desocupada.
- ( ) Um prédio está sendo reformado.

Isabela Santos

Os elementos que permaneceram na paisagem

Nas paisagens dos lugares podemos encontrar elementos antigos, como casas, monumentos, museus, estátuas e edifícios, que foram construídos pelas pessoas que viveram em épocas passadas.

Esses elementos permaneceram nas paisagens sem passar por intensas transformações ao longo do tempo, ou seja, conservaram as características do passado até os dias atuais.

Muitos desses elementos apresentam importância histórica, pois retratam características do modo de vida das pessoas que os construíram no passado. Por isso, é importante que sejam preservados.

Paisagem com várias construções antigas, na cidade de Salvador, Bahia, em 2017.

Rubens Chaves/ Pulsar Imagens

Pratique e aprenda

1. A imagem abaixo retrata a paisagem de um bairro 70 anos atrás.

a. Ao longo do tempo, esse bairro passou por algumas transformações. Marque um **X** nas construções que surgiram nessa paisagem.

Ilustrações: Studio Maya

b. Agora, circule os elementos que permaneceram na paisagem.

2. Veja o que Dona Marina está dizendo. Depois, converse com os colegas sobre as questões a seguir.

Rubem Vital/Sistema Fecomércio Sesc Senac

StockLite/Shutterstock.com/ID/BR

a. Assim como Dona Marina, identifiquem quais elementos antigos construídos pelas pessoas vocês observam na paisagem no município onde vivem.

b. Esses elementos antigos na paisagem são usados da mesma maneira pela população, tanto no passado quanto atualmente?

c. Na opinião de vocês, as paisagens do município onde vivem vão continuar a ser modificadas? Por quê?

3. O colégio Olavo Bilac, localizado no município de Cambé, Paraná, funciona desde 1945 no mesmo endereço. Ao longo do tempo, a paisagem das proximidades do colégio foi transformada. Porém, o colégio continua no mesmo lugar, apenas com algumas reformas no decorrer do tempo. Veja as imagens a seguir.

Cartografia

Rodrigo Lizieiro/Acervo do fotógrafo

Visão horizontal do colégio Olavo Bilac, em 2017.

2017 CNES/Airbus/Google Maps

Visão vertical do colégio Olavo Bilac.

Representação do colégio Olavo Bilac.

Símbolo.

Ilustrações: Somma Studio

- Agora é a sua vez. Desenhe a representação da imagem no espaço abaixo. Desenhe, também, o símbolo que você escolheu para representá-la.

2017 Digital Globe/Google Maps

Visão vertical de parte de uma propriedade rural, em Itatinga, São Paulo, 2017.

Representação.

Símbolo.

A transformação das paisagens e os problemas ambientais

Você sabia que muitas atividades econômicas que o ser humano desenvolve são responsáveis por grande parte dos problemas ambientais de que temos notícia atualmente?

Esses problemas acontecem tanto na cidade quanto no campo. Veja a seguir.

Thomaz Vita Neto/Pulsar Imagens

Cidades com elevado número de indústrias que liberam gases tóxicos no ambiente, em geral, apresentam poluição do ar. Essa poluição prejudica a saúde das pessoas, podendo causar doenças respiratórias.

Na foto ao lado, chaminés de indústria na cidade de Vista Alegre do Alto, São Paulo, em 2016.

No campo, as atividades agropecuárias vêm ocupando áreas cada vez maiores. Para isso, extensas áreas de vegetação natural são desmatadas para dar lugar às novas lavouras ou pastagens.

Ricardo Azoury/Pulsar Imagens

Na foto acima, área desmatada para o plantio de milho no município de Belterra, Pará, em 2015.

Para produzir cada vez mais e em menos tempo, o ser humano foi aperfeiçoando, ao longo dos anos, os modos e as técnicas de desenvolver as atividades econômicas. Para isso, buscou modernizar e melhorar diferentes tipos de ferramentas e máquinas, além de outros instrumentos de trabalho.

Esses instrumentos, com tecnologias mais avançadas que as do passado, intensificaram ainda mais a transformação das paisagens. No entanto, em muitos casos, provocaram problemas ambientais cada vez mais intensos.

A

Chico Ferreira/Pulsar Imagens

Exploração de ouro no município de Senador José Porfírio, Pará, em 2017.

B

Chico Ferreira/Pulsar Imagens

Área de mineração de calcário no município de Almirante Tamandaré, Paraná, em 2016.

- **As fotos representam a atividade econômica do extrativismo mineral. Na sua opinião, em qual a atividade extrativista está causando maiores impactos ao meio ambiente? Por quê?**

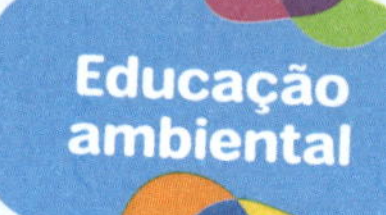

Ações pela natureza

Além das atividades econômicas, algumas ações que praticamos em nosso dia a dia também podem prejudicar o meio ambiente. Você já percebeu que, todos os dias, geramos uma certa quantidade de lixo? E o que pode ocorrer quando esse lixo não é descartado corretamente?

Visitantes caminham no Parque Ecológico Sitiê, na cidade do Rio de Janeiro, capital do estado, em 2015.

Atualmente, existem ações que vêm combatendo o descaso com o meio ambiente. Um exemplo, em especial, aconteceu no bairro do Vidigal, na cidade do Rio de Janeiro, capital do estado. Um terreno baldio dessa comunidade, que anteriormente era utilizado como um depósito de lixo por mais de 20 anos, foi transformado por alguns moradores. Hoje, esse terreno é utilizado para promover educação, lazer e consciência ambiental à população.

Conhecido como Parque Ecológico Sitiê, esse lugar tornou-se referência para muitos outros parques do mundo.

O texto a seguir conta um pouco da história desse parque. Leia-o.

Fábio Motta/Estadão Conteúdo

No princípio, era o lixo. Mais de 25 anos de detritos jogados ao ar livre no alto do morro do Vidigal, na zona sul do Rio. Para os moradores da favela, era natural abandonar ali sacolas com restos de comida, eletrodomésticos, móveis quebrados e até corpos de animais mortos. Para Mauro Quintanilla, vizinho do lixão, era deprimente e humilhante.

Em 2010, 16 toneladas e cinco anos depois, a área estava limpa, pronta para ser batizada de Parque Ecológico Sitiê. Num espaço voltado à contemplação e ao lazer, foi criada uma horta da qual já saíram 700 quilos de legumes, verduras, temperos e frutas, doados à comunidade. [...]

Parque ecológico no alto do Morro do Vidigal é premiado nos EUA, de Roberta Pennafort. *Estadão*, São Paulo, 8 abr. 2015. Disponível em: <http://brasil.estadao.com.br/blogs/estadao-rio/parque-ecologico-no-alto-do-morro-do-vidigal-e-premiado-nos-eua/>. Acesso em: 4 nov. 2017.

- **Converse com os colegas sobre algumas atitudes que vocês podem adotar para minimizar os problemas que têm prejudicado o meio ambiente.**

Pratique e aprenda

1. Observe as fotos a seguir.

A

Rubens Chaves/Pulsar Imagens

Rio Tietê com espuma tóxica formada a partir do esgoto e de produtos químicos, no município de Pirapora do Bom Jesus, São Paulo, em 2017.

B

Alf Ribeiro/Pulsar Imagens

Trator pulverizando agrotóxico em lavoura de soja no município de Cascavel, Paraná, em 2015.

a. Circule a foto que retrata um problema ambiental no espaço rural.

b. Como a natureza está sendo prejudicada em cada uma das situações mostradas nas fotos?

- Foto A: ______________________________

____

- Foto B: ______________________________

____

2. Com os colegas, conversem e escrevam algumas dicas de como cada um de nós pode diminuir a quantidade de lixo que gera diariamente.

____

____

____

____

Aprenda mais!

O filme *Animais unidos jamais serão vencidos* conta a história de um grupo de animais que busca descobrir por que a água do território onde vivem simplesmente desaparece. Ao longo do filme eles descobrirão que uma grande represa construída pelo ser humano não permite que a água chegue até eles.

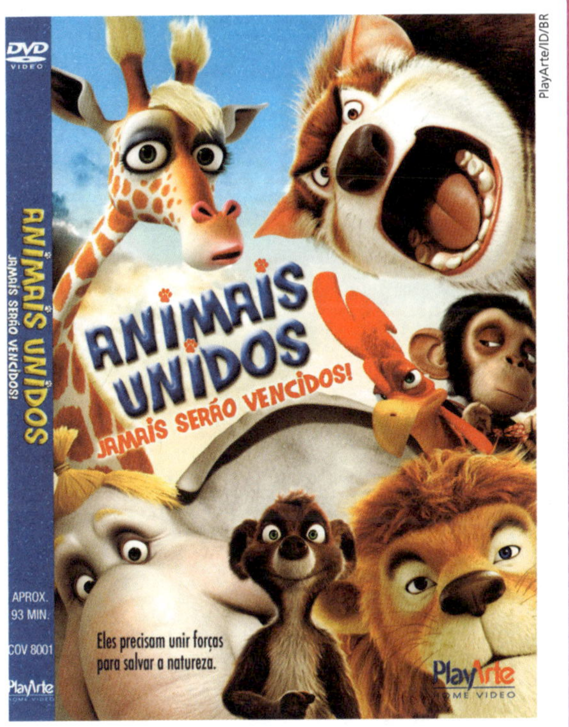

PlayArte/ID/BR

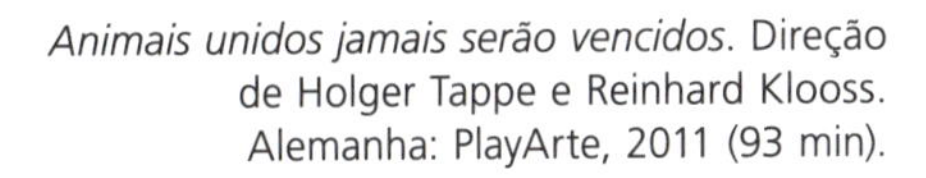
Animais unidos jamais serão vencidos. Direção de Holger Tappe e Reinhard Klooss. Alemanha: PlayArte, 2011 (93 min).

O *site Portal Geo Rio* disponibiliza a seção Armazenzinho. Nessa seção, são apresentadas informações sobre a transformação das paisagens da cidade do Rio de Janeiro e, também, a história de alguns bairros e dos elementos históricos da cidade.

<http://34.205.231.101/armazenzinho/web/>
Acesso em: 9 dez. 2017.

Ponto de chegada

1. Conte para seus colegas uma transformação realizada pela atividade humana que você tenha observado na paisagem do caminho que você faz de casa para a escola.

2. Com os colegas, observem novamente a paisagem apresentada nas páginas **62** e **63** e imaginem como ela deveria ser no passado. Que elementos os auxiliam a criar essas hipóteses?

unidade

5 As paisagens e os recursos naturais

Deni Williams/Shutterstock.com/ID/BR

Paisagem natural no município de Santana do Riacho, Minas Gerais, em 2015.

Ponto de partida

1. Quais recursos naturais a foto retrata?
2. Qual desses recursos você utiliza no seu cotidiano? De que maneira? Converse com os colegas.

Os recursos naturais

Leia a pergunta que Marina está fazendo.

1. Troque ideias com os colegas sobre a pergunta feita por Marina.

A maior parte dos produtos que consumimos diariamente são feitos de materiais retirados da natureza. Esses materiais são chamados **recursos naturais**.

No exemplo da pergunta de Marina, um dos principais materiais retirados da natureza para produzir o lápis é a madeira. Veja as fotos a seguir.

Na indústria, a madeira é transformada em lápis, que é utilizado na sala de aula para escrever, como mostra a foto ao lado, no município de Lençóis, Bahia, em 2014.

Grande parte da madeira utilizada na produção do lápis é extraída de áreas de reflorestamento, como mostra a foto do município de Cambará do Sul, Rio Grande do Sul, em 2015.

Existem muitos recursos naturais utilizados na produção de diversos produtos que consumimos diariamente.

Veja alguns exemplos a seguir.

Imagens sem proporção entre si.

Protasov AN/Shutterstock.com/ID/BR

Pé de laranja ou laranjeira.

Da fruta retirada da laranjeira obtêm-se, por exemplo, suco e geleia.

tishomir/Shutterstock.com/ID/BR

Garrafa com suco de laranja.

kaband/Shutterstock.com/ID/BR

Minério de ferro.

Do minério de ferro produzem-se panelas, portas e janelas.

Ari N/Shutterstock.com/ID/BR

Panela de ferro.

bibiphoto/Shutterstock.com/ID/BR

Ordenha de vacas.

Das vacas obtêm-se o leite para beber e produzir alimentos, como bolos e doces.

SOMMAI/Shutterstock.com/ID/BR

Copo de leite.

Tipos de recursos naturais

A imagem abaixo mostra uma criança consumindo alimentos retirados da natureza. Veja.

2. Agora, converse com seus colegas sobre as questões a seguir:

a. Que alimentos a criança está consumindo?

b. Quais deles passaram por algum tipo de modificação ao serem retirados da natureza até o consumo pela criança?

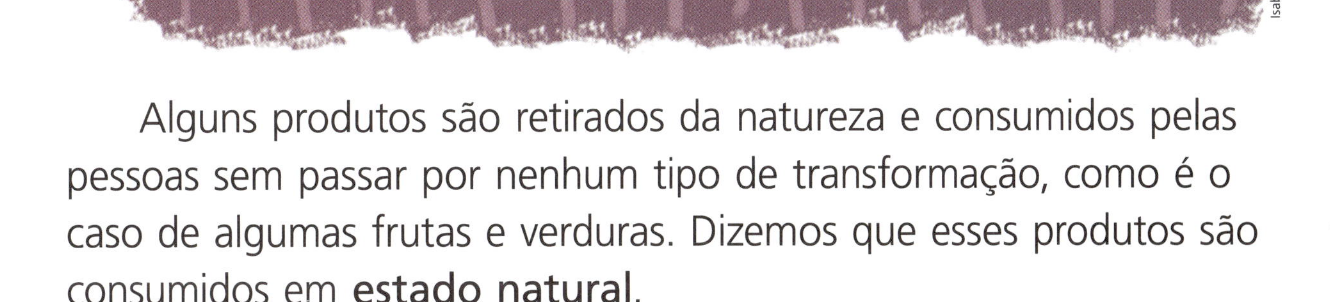

Isabela Santos

Alguns produtos são retirados da natureza e consumidos pelas pessoas sem passar por nenhum tipo de transformação, como é o caso de algumas frutas e verduras. Dizemos que esses produtos são consumidos em **estado natural**.

Existem também os produtos que passam por modificações antes de serem consumidos pelas pessoas, como o arroz e o feijão, que são **beneficiados**.

Produtos como o iogurte, o biscoito, a mesa, a cadeira e as roupas são chamados **produtos industrializados**, pois passam por processos de transformação industrial.

beneficiados: produto natural que passou por processos de limpeza, descasque ou descaroçamento

Pratique e aprenda

1. Observe o recurso natural retratado na foto abaixo.

Artur Keunecke/Pulsar Imagens

Plantação de algodão no município de Chapada dos Guimarães, Mato Grosso, em 2016.

- Agora, no quadro abaixo, circule o nome dos produtos que podem ser feitos a partir do algodão.

camiseta	panela	meia	calça	macarrão
cadeira	lençol	tigela	almofada	

2. Observe os produtos mostrados nas fotos abaixo. Em seguida, ligue cada produto a seu estado correspondente.

A

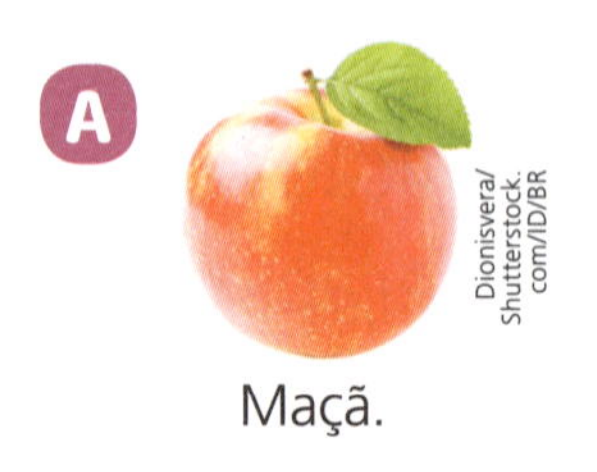

Dionisvera/Shutterstock.com/ID/BR

Maçã.

B

Nenov Brothers Images/Shutterstock.com/ID/BR

Grãos de café descascados.

C

urfin/Shutterstock.com/ID/BR

Par de tênis.

Imagens sem proporção entre si.

Industrializado. | Beneficiado. | Natural.

3. A foto abaixo mostra uma criação de animais. Observe-a.

Gerson Gerloff/Pulsar Imagens

Criação de ovelhas no município de São José dos Ausentes, Rio Grande do Sul, em 2016.

- Circule os produtos que o ser humano pode obter a partir da criação desses animais.

Imagens sem proporção entre si.

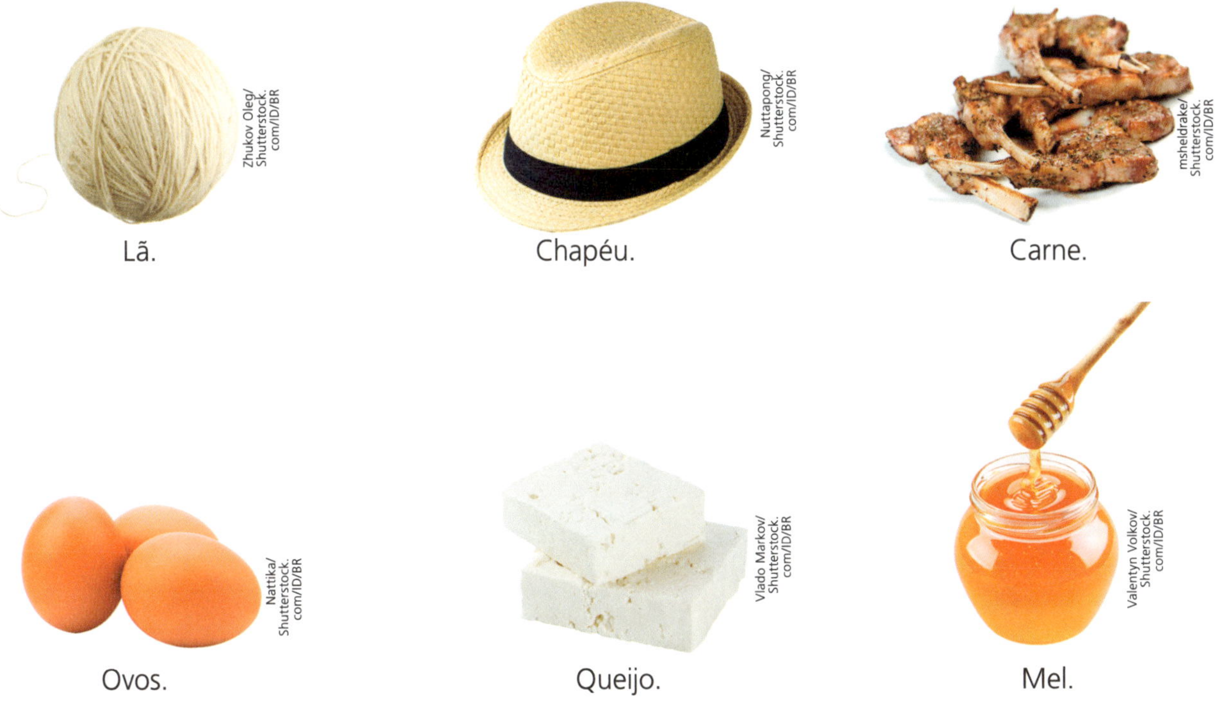

Zhukov Oleg/Shutterstock.com/ID/BR
Lã.

Nuttapong/Shutterstock.com/ID/BR
Chapéu.

msheldrake/Shutterstock.com/ID/BR
Carne.

Nattika/Shutterstock.com/ID/BR
Ovos.

Vlado Markov/Shutterstock.com/ID/BR
Queijo.

Valentyn Volkov/Shutterstock.com/ID/BR
Mel.

Você está se alimentando adequadamente?

Muitos dos produtos obtidos da natureza fazem parte da nossa alimentação diária. Eles podem ser consumidos em seu estado natural, beneficiados ou industrializados.

Ao escolher os alimentos, devemos optar por aqueles que nos proporcionam uma vida saudável, garantindo a quantidade necessária de energia e nutrição em nosso cotidiano.

Veja, a seguir, algumas dicas que contribuem para nos alimentarmos de maneira correta e saudável.

- ✔ Consuma verduras, legumes e frutas todos os dias.
- ✔ Procure comer vários tipos de alimentos, como carne, leite, ovos, arroz e feijão.
- ✔ Priorize alimentos em estado natural aos alimentos industrializados.

- ✓ Coma no horário certo e faça, pelo menos, três refeições por dia: café da manhã, almoço e jantar.
- ✓ Procure fazer lanches leves entre as refeições, consumindo frutas e sucos.
- ✓ Faça as refeições com calma e mastigue bem os alimentos.
- ✓ Tome água regularmente e evite refrigerantes.
- ✓ Dê preferência a alimentos assados, grelhados ou cozidos.
- ✓ Evite comer fritura, gordura e doces em excesso.
- ✓ Evite consumir produtos enlatados.
- ✓ Não abuse do sal.

a. Em seu dia a dia, você consome em maior quantidade alimentos naturais ou industrializados?

b. Em sua opinião, você se alimenta de maneira saudável? Justifique sua resposta.

c. O que você precisa mudar em sua alimentação para torná-la mais saudável? Conte para os colegas.

Fotos: Oksana Kuzmina/Shutterstock.com/ID/BR e Dado Photos/Shutterstock.com/ID/BR

Os recursos naturais podem acabar

Os recursos naturais são de grande importância para a nossa vida e a dos outros animais. Precisamos deles tanto para nos alimentar como para fabricar os produtos que utilizamos.

Veja os exemplos a seguir.

A – Pepita de ouro.

MarcelClemens/Shutterstock.com/ID/BR

Imagens sem proporção entre si.

B – Rio Guriú, no município de Camocim, Ceará, em 2017.

Tales Azzi/Pulsar Imagens

Entre os recursos disponíveis na natureza, existem aqueles que não podem ser produzidos pelas pessoas e podem levar milhões de anos para serem novamente criados pela natureza. Entre eles, estão o ouro (foto **A**), o minério de ferro, o petróleo e o carvão mineral. Como esses recursos são explorados com maior velocidade do que o ambiente é capaz de repor, eles podem se esgotar. Esse tipo de recurso é classificado como **recurso natural não renovável.**

Existem também os recursos da natureza que, ao serem extraídos de modo adequado e preservados pela sociedade, podem ser renovados pela natureza. Entre eles, estão as florestas, os solos e as águas dos rios (foto **B**). Esse tipo de recurso é classificado como **recurso natural renovável**.

Pratique e aprenda

1. Observe os recursos naturais retratados nas fotos a seguir. Em seguida, classifique cada um deles como **recurso natural renovável** ou **recurso natural não renovável**.

Imagens sem proporção entre si.

spxChrome/iStock/Getty Images

brulove/Shutterstock.com/ID/BR

Andrew Lambert Photography/SPL/Latinstock

republica/E+/Getty Images

VarnaK/Shutterstock.com/ID/BR

Salparadis/Shutterstock.com/ID/BR

A água em nosso cotidiano

A água é um recurso natural essencial para a vida no planeta Terra. A maior parte da superfície terrestre é coberta por água. A **água doce** é encontrada em rios, riachos, lagos, **aquíferos** e geleiras. A **água salgada** é encontrada nos mares e oceanos.

No entanto, de toda a água existente na Terra, apenas a água doce é adequada para o consumo e utilizada em nosso dia a dia. Veja alguns exemplos nas fotos a seguir.

aquíferos: reservatórios naturais de água localizados abaixo do solo

Henrique Fonseca/Pulsar Imagens

Água utilizada como bebida, no município de Caratinga, Minas Gerais, em 2016.

João Prudente/Pulsar Imagens

Água utilizada na irrigação agrícola, no município de Mucugê, Bahia, em 2016.

Tales Azzi/Pulsar Imagens

Água utilizada na indústria alimentícia, no município de Bom Jardim da Serra, Santa Catarina, em 2017.

Alexandre Tokitaka/Pulsar Imagens

Água utilizada na higiene pessoal, no município de São Paulo, capital do estado, em 2017.

1. **Para qual finalidade a água está sendo usada em cada uma das fotos?**

2. **Dê alguns exemplos de como você utiliza a água doce em seu dia a dia.**

As pessoas utilizam a água para muitas finalidades, como vimos na página anterior.

Porém, nos últimos anos, o desperdício, o uso inadequado da água e o aumento do consumo, principalmente na irrigação das lavouras, estão diminuindo as reservas de água doce no mundo.

Além disso, cresce o número de rios poluídos, comprometendo cada vez mais a qualidade da água disponível no planeta.

Observe a seguir uma situação de uso adequado de água no ambiente doméstico.

Fernando Favoretto/Criar Imagem

Pessoa lavando veículo com balde, na cidade de São Paulo, capital do estado, em 2013.

3. Converse com seus colegas e procurem perceber se vocês têm atitudes de desperdício de água em seu cotidiano.

A responsabilidade pelo uso da água

É necessário utilizar a água de maneira consciente e responsável, sem desperdiçá-la, pois ela é um importante recurso para a sobrevivência.

Veja, a seguir, alguns exemplos de atitudes responsáveis em relação à água utilizada em nosso dia a dia.

Durante um banho de 15 minutos, são consumidos em média 135 litros de água. Uma forma de diminuir esse gasto é manter o chuveiro desligado enquanto nos ensaboamos e lavamos os cabelos.

Ulza/Shutterstock.com/ID/BR

Menino mantém o chuveiro fechado enquanto lava os cabelos.

Ao escovarmos os dentes com a torneira aberta, gastamos em média 12 litros de água. Nesse caso, devemos manter a torneira fechada enquanto escovamos os dentes, abrindo-a somente para enxaguar a boca após a escovação.

MarcusVDT/Shutterstock.com/ID/BR

Menina mantém a torneira fechada enquanto escova os dentes.

Se forem jogados nas ruas ou nas calçadas, os resíduos sólidos podem ser carregados pelo vento e pela água da chuva e levados até os rios, lagoas e mares, contaminando suas águas.

Por isso, os resíduos sólidos devem ser depositados em recipientes adequados, como as lixeiras de **coleta seletiva**.

Fernando Favoretto/Criar Imagem

Menina jogando resíduo sólido na lixeira.

coleta seletiva: coleta de resíduos separados por tipo de material, como papel, plástico, metal, vidro ou material orgânico

Uma torneira gotejando gasta, em média, 46 litros de água por dia. Fechar bem as torneiras após usá-las ou consertá-las, para que não fiquem gotejando, evita o desperdício de água.

TinnaPong/Shutterstock.com/ID/BR

Menino fechando torneira.

4. Agora, converse com seus colegas sobre a questão a seguir.

- Por que é importante conservar a água?

1. Se as pessoas continuarem a usar a água inadequadamente, provavelmente, no futuro, haverá escassez desse recurso.

Você sabia? De toda a água doce utilizada em nosso planeta:

Illustration Projects/ Shutterstock.com/ID/BR

11% é utilizada para uso doméstico.

19% é consumida pela indústria.

Illustration Projects/ Shutterstock.com/ID/BR

Illustration Projects/ Shutterstock.com/ID/BR

70% é empregada na agricultura.

Fonte de pesquisa: UNWATER. *The United Nations World Water Development Report 2016*. Disponível em: <http://unesdoc.unesco.org/images/0024/002475/247553e.pdf>. Acesso em: 16 nov. 2017.

- De acordo com as informações mostradas acima, você considera importante que o ser humano repense o uso que vem fazendo da água doce na agricultura? Justifique sua resposta.

____

____

____

A legenda

Veja o desenho que Lorena produziu.

Representações sem proporção de tamanho. Cores-fantasia.

Observe que ela criou diferentes símbolos para representar elementos do seu desenho.

- Veja o que Lorena representou e escreva o nome desses elementos ao lado de cada símbolo.

 ______________________

 ______________________

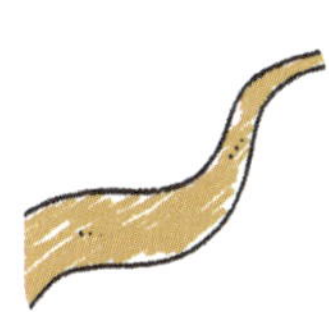 ______________________

 ______________________

 ______________________

 ______________________

Ilustrações: Studio Maya

Ao criar os símbolos e mostrar o que eles significavam na representação, Lorena produziu uma **legenda**.

Pratique e aprenda

1. Observe a imagem a seguir.

- Agora, crie símbolos dos elementos indicados abaixo para construir uma legenda.

Aprenda mais!

No *site Turminha do MPF,* você encontra a cartilha *Ser amigo da água é...*, que traz várias informações sobre a água, como seu tratamento, consumo, poluição e desperdício.

<http://www.turminha.mpf.mp.br/multimidia/cartilhas/Cartilha-Ser-Amigo-da-Agua.pdf>

Acesso em: 6 nov. 2017.

O livro *Por que economizar água?*: aprendendo sobre uso racional da água mostra usos incorretos desse recurso natural. Com esse livro você vai aprender algumas maneiras de contribuir com a preservação da água e ajudar a natureza.

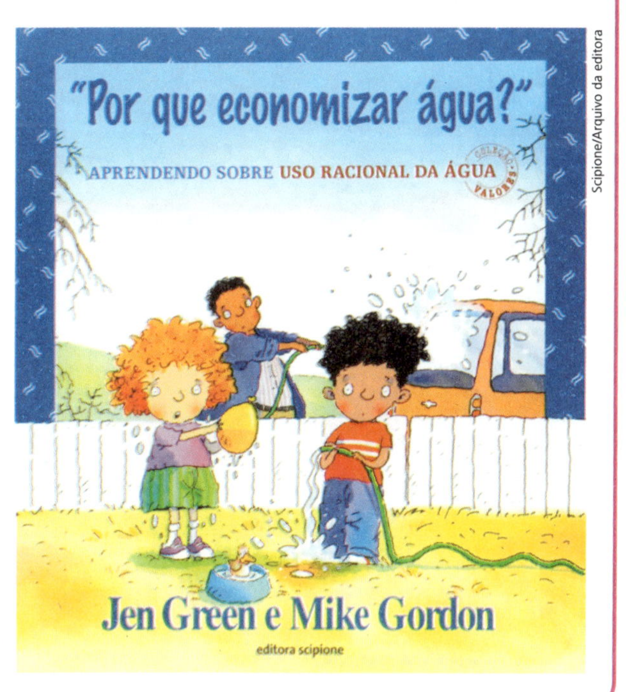

Scipione/Arquivo da editora

Por que economizar água?: aprendendo sobre uso racional da água, de Jen Green e Mike Gordon. Tradução de Mauro Aristides e José Paulo Brait. São Paulo: Scipione, 2004.

Ponto de chegada

1. Com os colegas, citem alguns recursos naturais que vocês conhecem e identifiquem aqueles que já utilizaram hoje. Classifiquem-nos como naturais, beneficiados ou industrializados.
2. Quais são as principais ameaças que as atividades humanas vêm causando à água doce do planeta Terra?
3. A partir de agora, que atitudes você começará a adotar para utilizar a água de maneira consciente e responsável?

unidade 6 O trabalho e as atividades econômicas

João Prudente/ Pulsar Imagens

Trabalhadores rurais em plantação de hortaliças, no município de Campinas, São Paulo, em 2016.

Ponto de partida

1. O que você observa na paisagem retratada na foto?
2. Que atividade econômica está sendo realizada?
3. Em sua opinião, o trabalho das pessoas mostradas na foto é importante para a fabricação de produtos que você consome diariamente? Por quê?

As profissões e as atividades econômicas

Observe a imagem a seguir, que retrata uma pessoa trabalhando.

1. Decifre os códigos e descubra a profissão da pessoa retratada na imagem.

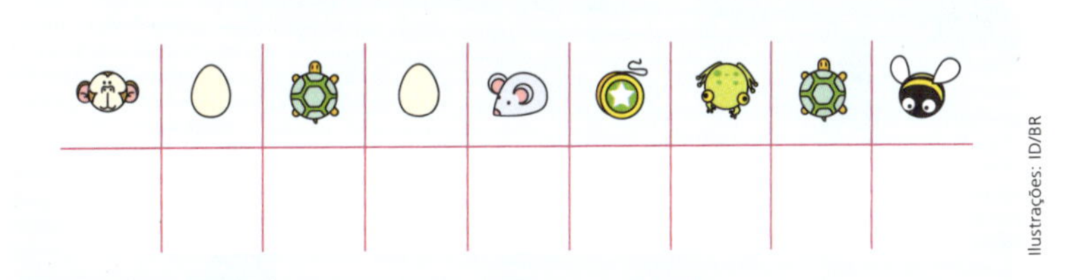

2. Converse com seus colegas sobre a importância da profissão representada acima. Depois, escreva a conclusão de vocês a seguir.

____

____

____

____

____

As pessoas exercem, por meio do trabalho, diferentes atividades econômicas. Essas atividades econômicas são divididas em três setores: primário, secundário e terciário.

Vamos conhecer cada um deles a seguir.

Setor primário

No setor primário, encontram-se as atividades ligadas à agricultura, à pecuária e ao extrativismo.

A **agricultura** é a atividade de cultivar a terra para produzir tanto alimentos quanto matérias-primas para as indústrias.

A **pecuária** é a atividade de criação de animais. As propriedades rurais podem se dedicar à criação de animais como bois, vacas, aves, porcos, entre outros.

O **extrativismo** é a atividade de extração de recursos diretamente da natureza. Esses recursos podem ser de origem animal, vegetal ou mineral. A foto abaixo retrata a extração de um recurso de origem mineral.

Franco Hoff/ Pulsar Imagens

Área de extração de sal no município de Chavel, Ceará, em 2016.

Setor secundário

Abrange as **atividades da indústria**, com a transformação de matérias-primas (obtidas do setor primário) em produtos industrializados (roupas, calçados, automóveis, brinquedos, eletrodomésticos, entre outros), por meio de máquinas e do trabalho de pessoas.

Eduardo Zappia/Pulsar Imagens

Linha de montagem de automóveis, no município de Resende, Rio de Janeiro, em 2015.

Setor terciário

Abrange as atividades ligadas ao comércio e à prestação de serviços.

O **comércio** é a atividade de compra e venda de mercadorias que são comercializadas entre pessoas ou empresas. Essas atividades são realizadas em diferentes lugares, como mercados, lojas, restaurantes, feiras e, também, pela internet.

Já a **prestação de serviços** é a atividade realizada por profissionais que trabalham na educação, na saúde, no transporte, nos restaurantes, nos serviços de limpeza, nas agências bancárias, entre outros.

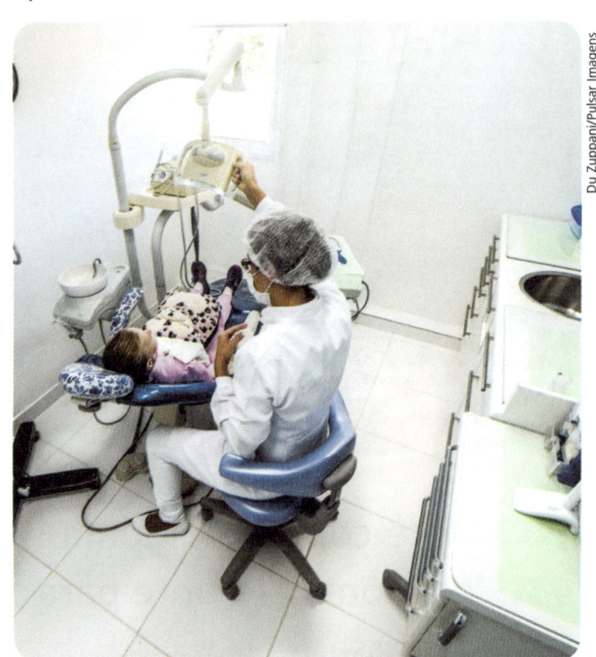

Du Zuppani/Pulsar Imagens

Atendimento em consultório odontológico no município de Bertioga, São Paulo, em 2017.

A mulher e as atividades econômicas

Durante muito tempo, a sociedade brasileira considerou o trabalho da mulher como aquele voltado para as tarefas domésticas e, também, aos cuidados dos membros da família.

Desse modo, a participação das mulheres nas atividades econômicas, seja no setor primário, secundário ou terciário, era considerada pequena e pouco estimulada.

Ao longo do tempo, as mulheres brasileiras têm conquistado cada vez mais espaço como profissionais nas áreas da saúde, da educação e da política.

Nos dias de hoje, quase metade das pessoas que trabalham no Brasil são mulheres, ocupando as mais diversas funções, como agricultoras, prefeitas, motoristas de táxi ou de caminhão, médicas, engenheiras, pedreiras, policiais, entre outras.

Andre Dib/Pulsar Imagens

Médica da Marinha do Brasil realizando atendimento no município de Belterra, Pará, em 2014.

- Você conhece alguma mulher que exerce alguma atividade econômica? Conte para seus colegas quem é ela e qual a sua profissão.

Treter/Shutterstock.com/ID/BR

Pratique e aprenda

1. Observe as fotos a seguir.

Paulo Fridman/Pulsar Imagens

Operário na indústria automotiva, no município de Camaçari, Bahia, em 2015.

De Visu/Shutterstock.com/ID/BR

Professora em escola indígena, no município de Cabrobó, Pernambuco, em 2016.

Gerson Gerloff/Pulsar Imagens

Agricultora colhendo uvas, no município de Silveira Martins, Rio Grande do Sul, em 2017.

Thomaz Vita Neto/Pulsar Imagens

Coletor extraindo látex da seringueira, no município de União Paulista, São Paulo, em 2016.

- Preencha os quadros abaixo, relacionando as profissões mostradas nas fotos com o respectivo setor da economia.

Setor primário	Setor secundário	Setor terciário
______________	______________	______________
______________	______________	______________

Para fazer juntos!

Valorização da mulher nas atividades econômicas

Atualmente, embora as mulheres já tenham conquistado muitos direitos na sociedade e ocupem diferentes postos de trabalho nas atividades econômicas, ainda persiste o preconceito contra elas. Quando comparamos os salários pagos para homens e mulheres em uma mesma atividade econômica, as mulheres recebem uma remuneração menor. Leia a manchete de jornal a seguir.

Mulheres ganham menos do que os homens em todos os cargos, diz pesquisa

Mulheres ganham menos do que os homens em todos os cargos, diz pesquisa, de Pâmela Kometani. *G1*, 7 mar. 2017. Disponível em: <https://g1.globo.com/economia/concursos-e-emprego/noticia/mulheres-ganham-menos-do-que-os-homens-em-todos-os-cargos-diz-pesquisa.ghtml>. Acesso em: 21 nov. 2017.

1. Converse com os colegas sobre quais são os motivos que, na opinião de vocês, explicam a diferença de valores salariais pagos para mulheres e homens.
2. Criem frases de conscientização sobre a igualdade entre homens e mulheres na sociedade em que vivemos. Depois de prontas, escrevam em cartazes e colem-nos em locais adequados na escola.

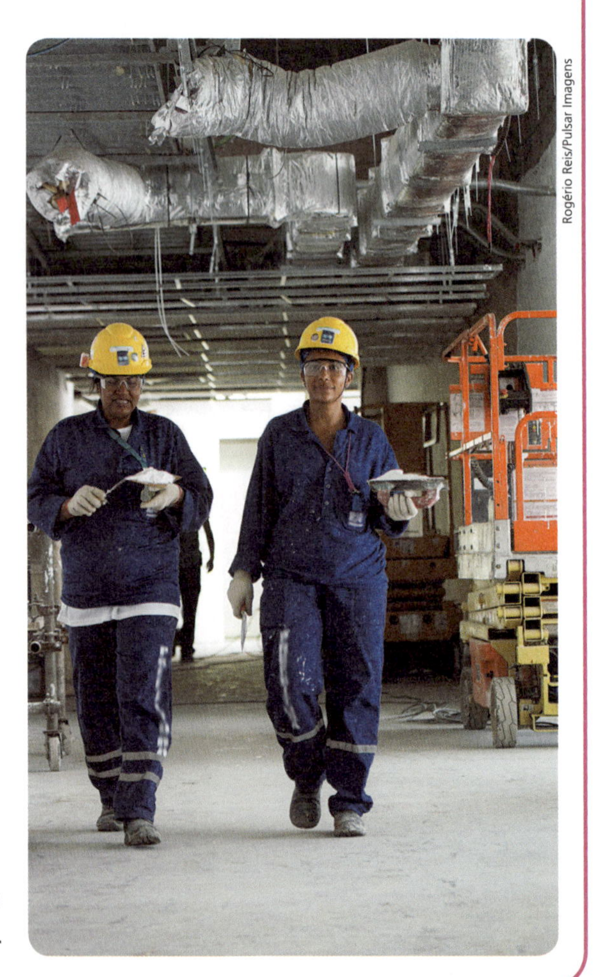

Rogério Reis/Pulsar Imagens

Operárias em construção civil na cidade do Rio de Janeiro, capital do estado, em 2015.

A produção industrial e a produção artesanal

As fotos a seguir retratam dois modos diferentes de produzir ovos de chocolate. Observe.

Helio Montferre/Esp. CB/D.A Press

Ao lado, os ovos de chocolate são produzidos de maneira artesanal. A produção artesanal, em geral, envolve o trabalho de uma ou de poucas pessoas. Os produtos são feitos manualmente ou com auxílio de instrumentos simples, e a produção, geralmente, resulta em pequenas quantidades.

Produção artesanal de ovos de chocolate, em Brasília, Distrito Federal, em 2016.

Na foto ao lado, os ovos de chocolate são produzidos de maneira industrial. A produção industrial envolve o trabalho de várias pessoas e o uso de máquinas. Além disso, os produtos são fabricados em grande quantidade.

Paulo Whitaker/Reuters/Latinstock

Fábrica de ovos de chocolate, no município de São Paulo, capital do estado, em 2015.

Com base nas fotos, percebemos que é possível fabricar um mesmo produto de diferentes maneiras, utilizando diferentes materiais e ferramentas e aplicando técnicas distintas.

Veja outros exemplos a seguir.

Na agricultura, por exemplo, algumas pessoas trabalham em lavouras usando ferramentas manuais ou o auxílio da força animal, como mostra a foto **A**. Já em outras áreas, é possível observar pessoas trabalhando com máquinas e equipamentos para o preparo do solo ou para a colheita, como mostra a foto **B**.

A

smereka/Shutterstock.com/ID/BR

Agricultores arando a terra com a força de animais, em Kalush, Ucrânia, em 2017.

B

Cesar Diniz/Pulsar Imagens

Agricultor arando a terra no município de Piquete, São Paulo, em 2017.

Na atividade do extrativismo, enquanto algumas pessoas trabalham usando ferramentas simples ou técnicas manuais, como mostra a foto **C**, em outras áreas o trabalho é realizado por meio de equipamentos sofisticados que intensificam a extração dos recursos naturais, como mostra a foto **D**. Nesse caso, a atividade é considerada indústria extrativa.

C

Gerson Gerloff/Pulsar Imagens

Mineração de ametista com o uso de ferramentas manuais, no município de Ametista do Sul, Rio Grande do Sul, em 2014.

D

Rubens Chaves/Pulsar Imagens

Mineração de minério de ferro com uso de máquinas, no município de Congonhas, Minas Gerais, em 2016.

- **No município onde mora, você já observou uma mesma atividade sendo realizada de modos diferentes, seja no setor primário, secundário ou terciário?**

Os recursos da natureza e as matérias-primas

As atividades industriais precisam de diferentes tipos de recursos para a fabricação de uma grande variedade de produtos, como eletrodomésticos, calçados, roupas e alimentos. Esses recursos são chamados **matérias-primas**.

Veja os exemplos a seguir.

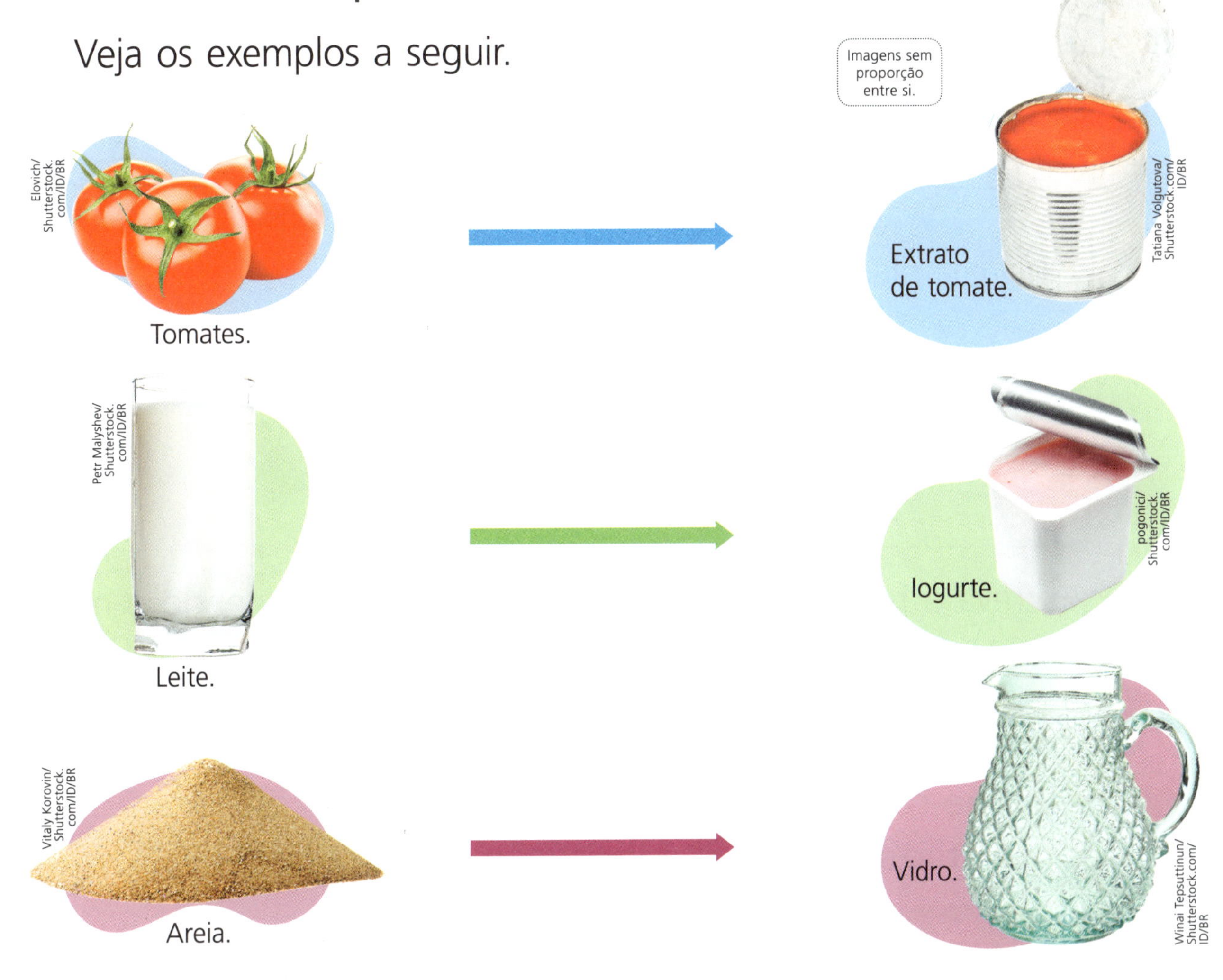

Tomates. → Extrato de tomate.

Leite. → Iogurte.

Areia. → Vidro.

As matérias-primas podem ser classificadas de acordo com sua origem. Veja o quadro a seguir.

Origem animal	Origem mineral	Origem vegetal
são as obtidas de animais, como leite, couro, carne, etc.	são as extraídas do solo, como minério de ferro, ouro, cobre, etc.	são as obtidas de plantas, como cana-de-açúcar, cacau, trigo, etc.

Pratique e aprenda

1. Observe abaixo a tirinha do personagem Zé Pequeno.

Xaxado Ano 1: 365 tiras em quadrinhos, de Antonio Cedraz. Salvador: Editora e Estúdio Cedraz, 2011. p. 21.

a. Qual é a planta que aparece na história?

____

b. Por que Zé Pequeno perguntou se a planta vai querer ser canjica ou fubá quando crescer?

____

c. Escreva o nome de outros alimentos produzidos tendo o milho como matéria-prima.

____

2. Relacione cada um dos produtos com a principal matéria--prima utilizada em sua fabricação.

Imagens sem proporção entre si.

A

wideonet/iStock/Getty Images

B

artisteer/iStock/Getty Images

( )

Kletr/Shutterstock.com/ID/BR

( )

Nataly Studio/Shutterstock.com/ID/BR

Para fazer **juntos!**

- Com um colega, façam uma pesquisa em livros, revistas e na internet para descobrir qual é a principal matéria-prima utilizada na produção de três produtos que vocês têm em casa. Pesquisem também a origem dessa matéria-prima: animal, vegetal ou mineral. Anotem o resultado da sua pesquisa nas fichas abaixo. Depois, apresentem os resultados da pesquisa para a turma.

Produto 1: ____________________

Matéria-prima: ____________________

Marque um **X** na origem da matéria-prima:

( ) Animal ( ) Mineral ( ) Vegetal

Produto 2: ____________________

Matéria-prima: ____________________

Marque um **X** na origem da matéria-prima:

( ) Animal ( ) Mineral ( ) Vegetal

Produto 3: ____________________

Matéria-prima: ____________________

Marque um **X** na origem da matéria-prima:

( ) Animal ( ) Mineral ( ) Vegetal

O trabalho e os produtos que consumimos

Diariamente, consumimos muitos produtos que necessitam do trabalho de várias pessoas para sua fabricação, como alimentos, roupas, material escolar, etc. Esses produtos passaram por uma transformação em várias etapas de produção até estarem disponíveis para o consumo. Veja o exemplo da roupa de algodão.

1

2

Ilustrações: Isabela Santos

1

Thomaz Vita Neto/Pulsar Imagens

Agricultor colhendo algodão com o auxílio de máquina no município de Chapadão do Sul, Mato Grosso do Sul, em 2014.

2

João Prudente/Pulsar Imagens

Operária em indústria têxtil no município de Amparo, São Paulo, em 2016.

Loja de roupas na cidade de São Paulo, capital do estado, em 2014.

Alexandre Tokitaka/Pulsar Imagens

Confecção de roupas no município de Cianorte, Paraná, em 2017.

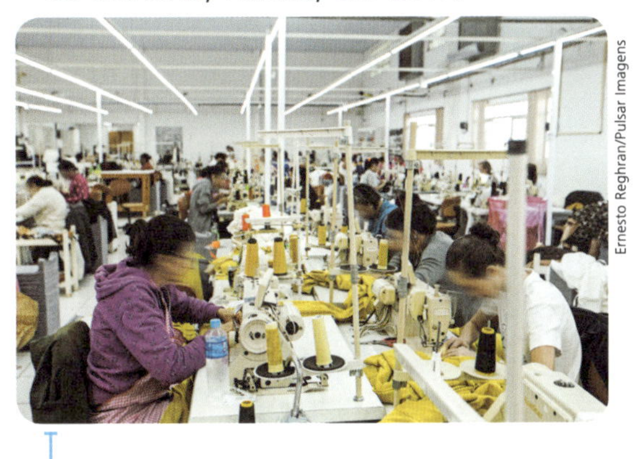

Ernesto Reghran/Pulsar Imagens

4

POR FIM, AS ROUPAS SÃO COMERCIALIZADAS PELOS VENDEDORES.

Ilustrações: Isabela Santos

3 → 4 →

AS INDÚSTRIAS DE CONFECÇÃO ADQUIREM OS TECIDOS PARA QUE OS FUNCIONÁRIOS POSSAM PRODUZIR AS ROUPAS.

3

- **Converse com seus colegas sobre o trabalho de cada trabalhador na fabricação da roupa de algodão.**

Os produtos que consumimos diariamente envolvem o trabalho de diferentes profissionais. No exemplo mostrado anteriormente, da produção até a comercialização, a roupa precisou: do trabalho do **agricultor** no campo, com o cultivo do algodão; do trabalho dos **operários** nas fábricas; e do trabalho do **vendedor** na loja, localizada na cidade.

Pratique e aprenda

1. As imagens abaixo mostram alguns produtos que consumimos diariamente. Escreva o nome de um dos profissionais envolvidos em sua produção. Para isso, utilize o nome dos profissionais mostrados no quadro a seguir.

2. Escolha um produto que você consome ou utiliza no seu dia a dia. Pesquise quais são os principais profissionais que trabalharam para que esse produto chegasse até sua casa. Apresente o resultado da pesquisa aos colegas.

____

____

____

Aprenda mais!

O livro *Rimas saborosas* mostra, por meio de versos, como é gostoso se alimentar de um jeito saudável.

De uma maneira curiosa e divertida, o livro traz informações sobre frutas, vegetais e outros alimentos que promovem a saúde.

Moderna/Arquivo da editora

Rimas saborosas, de César Obeid. Ilustrações de Luna Vicente. São Paulo: Moderna, 2009.

No *site Embrapa criança* encontramos a seção do Almanaque Horta&Liça, que traz divertidas histórias em quadrinhos dos personagens Zé Horta e Maria Liça, além de desvendar curiosidades e trazer muitas informações sobre alimentos, como as verduras e os legumes.

No almanaque, podemos descobrir como alguns desses alimentos são produzidos e aprender a nos alimentar de maneira mais saudável, trazendo benefícios para a saúde.

<https://www.embrapa.br/crianca>

Acesso em: 26 nov. 2017.

Ponto de chegada

1. Que outros tipos de trabalho você conhece e que, em sua opinião, transformam as paisagens?
2. Dê um exemplo de atividade econômica que faça parte de cada um dos setores da economia: primário, secundário e terciário.
3. Com os colegas, identifiquem o trabalho de algumas pessoas envolvidas no processo de fabricação do pão de trigo, vendido na padaria ou no supermercado.

unidade

7 O município e suas paisagens

Coleção particular. Fotografia: Acervo do artista. Moldura: Denis Rozhnovsky/Shutterstock.com/ID/BR

Monte Santo de Minas, de Clóvis Péscio. Óleo sobre tela, 80 cm x 150 cm. 2010.

Ponto de partida

1. Identifique na tela a representação dos espaços rural e urbano.
2. Que elementos fazem parte do espaço rural retratado?
3. Que elementos compõem o espaço urbano representado?
4. Você vive no espaço rural ou urbano de seu município? Conte aos colegas algumas características desse espaço.

Município: campo e cidade

Um **município**, em geral, é formado pelo espaço rural e pelo espaço urbano, isto é, pelo campo e pela cidade. Observe o mapa a seguir.

Área rural e urbana do município de Campinas (2009)

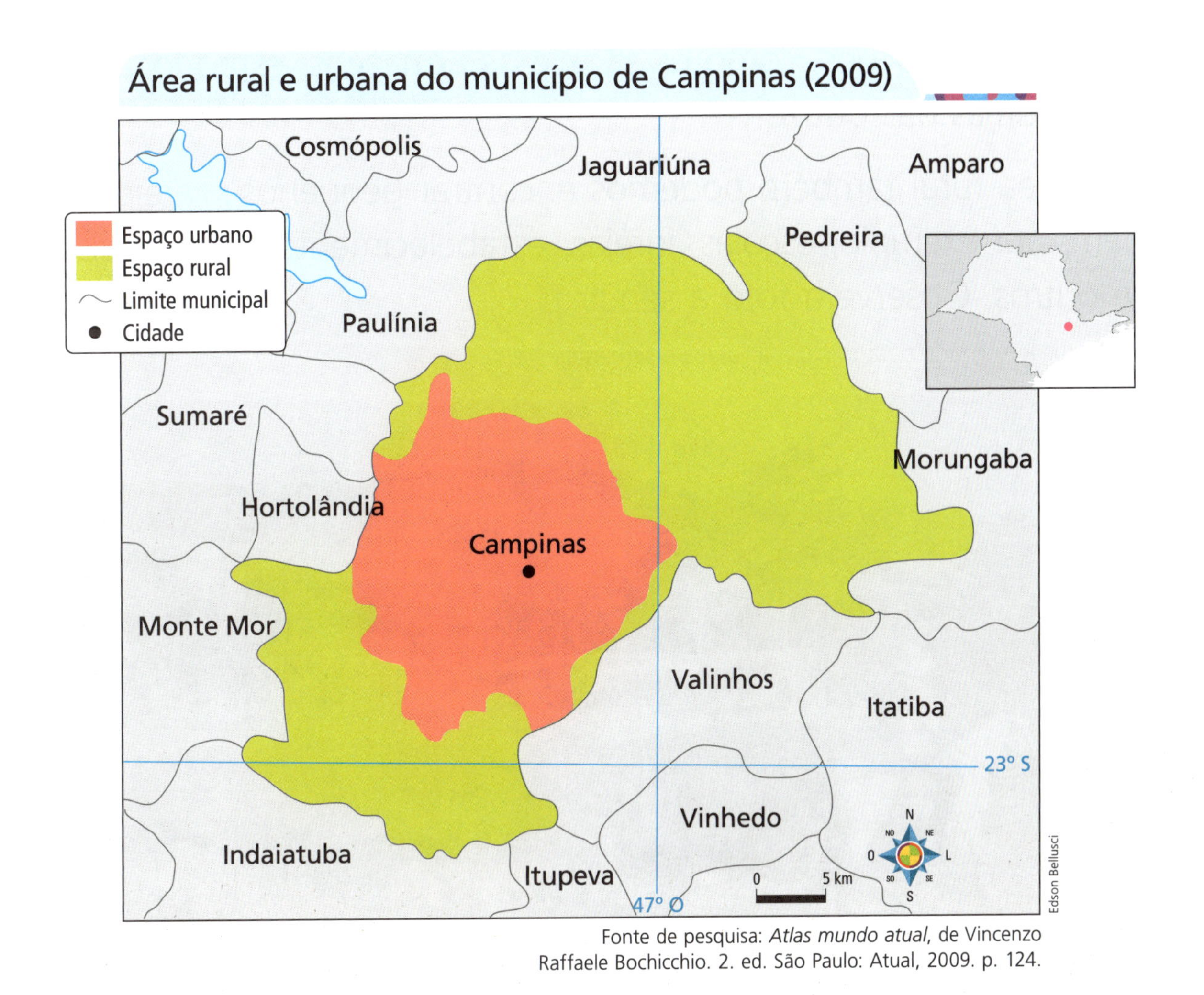

Fonte de pesquisa: *Atlas mundo atual*, de Vincenzo Raffaele Bochicchio. 2. ed. São Paulo: Atual, 2009. p. 124.

Alguns municípios possuem a área urbana maior que a área rural. Em outros, a área rural é maior que a área urbana.

Veja, no mapa acima, que a área rural do município de Campinas é maior que a área urbana.

Também existem alguns municípios que não possuem espaço rural. Esses municípios são formados apenas pelo espaço urbano, como Barueri, em São Paulo, e Fortaleza, no Ceará.

1. Conte para seus colegas o que você conhece sobre a área rural e a área urbana do município onde vive.

O campo

Nas paisagens do campo predominam áreas de vegetação nativa, pastagens e lavouras. No espaço rural, as pessoas plantam variados cultivos, criam animais e instalam alguns tipos de indústrias. Em geral, as casas e construções, como os **silos** e os armazéns, estão localizadas distantes umas das outras.

Na área rural também podemos encontrar pequenos vilarejos que reúnem, por exemplo, escolas, igrejas, estabelecimentos comerciais, entre outros. Observe a foto a seguir.

silos: construção utilizada para armazenar grãos e sementes

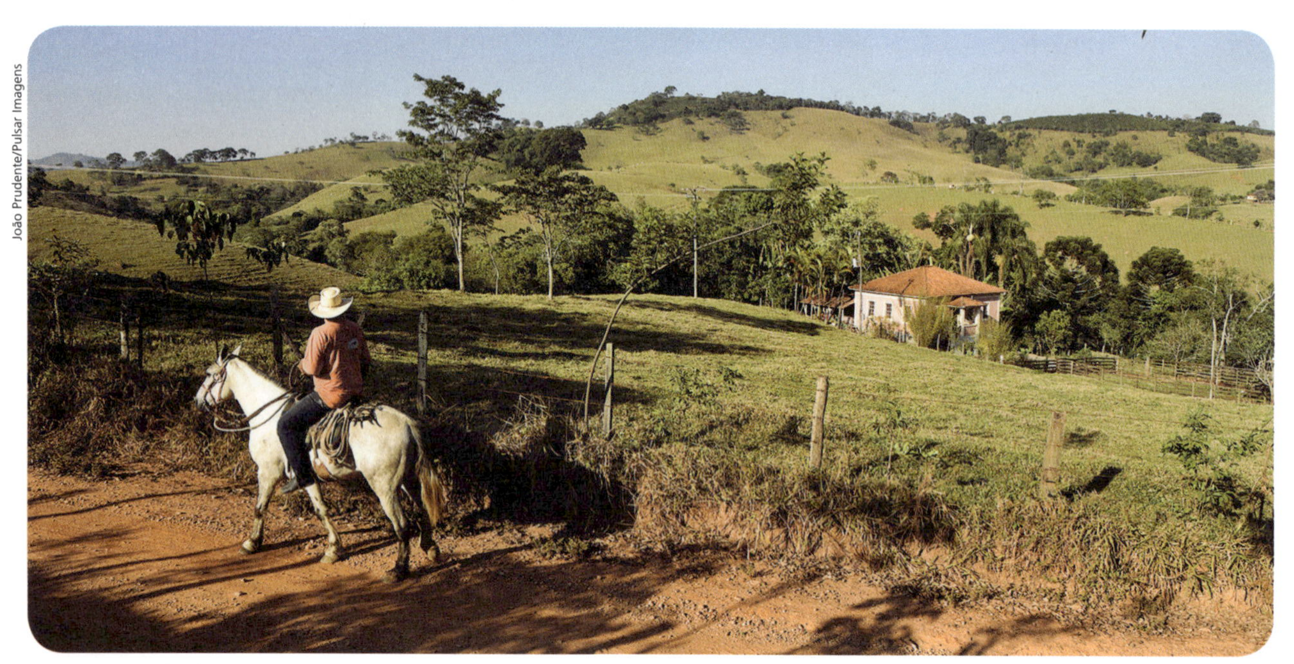

João Prudente/Pulsar Imagens

Propriedade rural localizada no município de Borda da Mata, Minas Gerais, em 2016.

2. A foto acima retrata uma paisagem rural. Marque um **X** nos elementos presentes nessa paisagem.

- ( ) Estrada de terra.
- ( ) Plantação.
- ( ) Vegetação nativa.
- ( ) Morros.
- ( ) Casa.
- ( ) Rio.
- ( ) Área de pastagem.
- ( ) Animal.

A cidade

Nas paisagens da cidade predominam diversas construções, como casas, prédios e estabelecimentos comerciais, que se localizam próximas umas das outras. Além disso, na cidade existe um grande número de ruas e avenidas e algumas delas apresentam trânsito intenso de veículos e pedestres. Observe a foto a seguir.

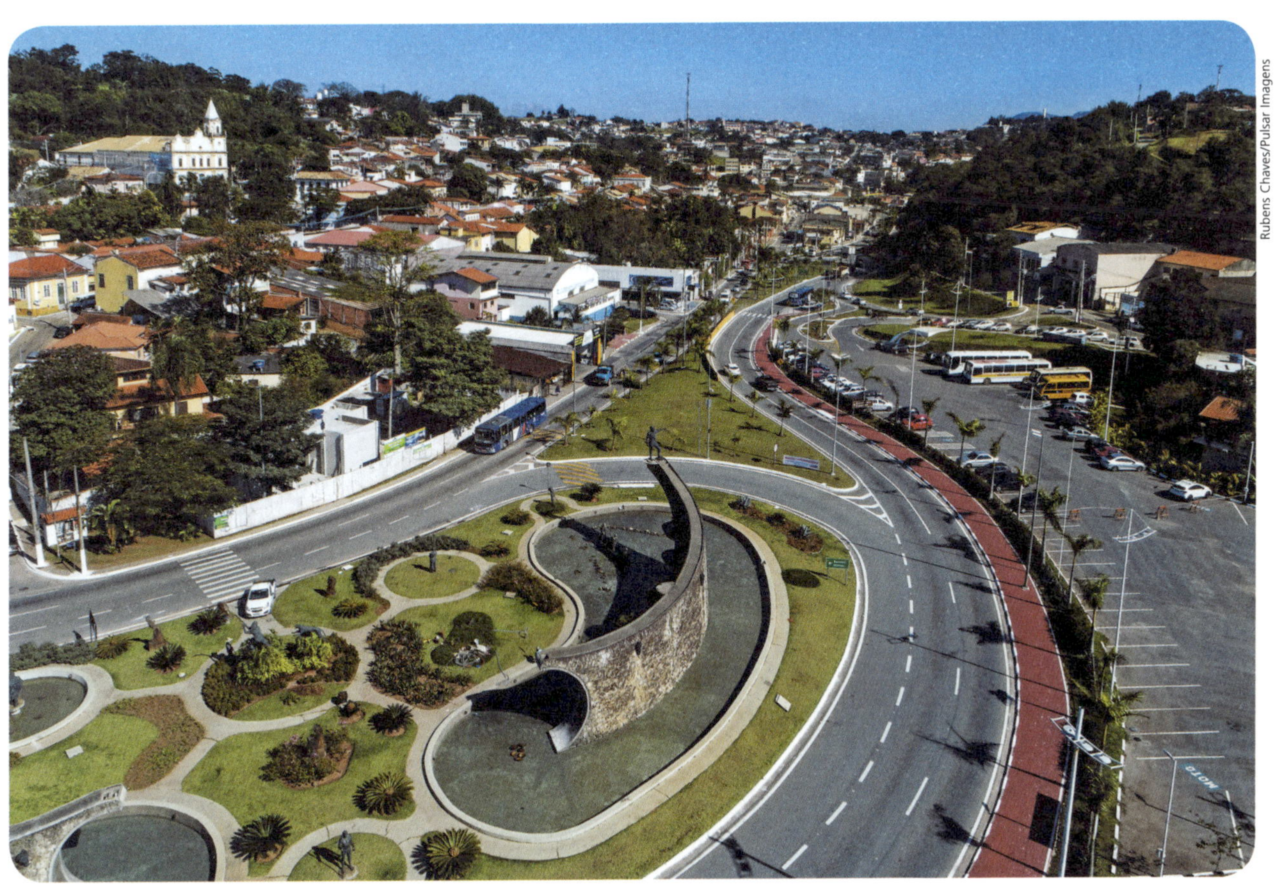
Rubens Chaves/Pulsar Imagens

Vista da cidade de Santana de Parnaíba, São Paulo, em 2017.

3. A foto acima mostra uma paisagem urbana. Marque um **X** nos elementos mostrados nela.

◯ Criação de animais.

◯ Estrada de terra.

◯ Casas.

◯ Praça.

◯ Automóveis.

◯ Iluminação pública.

◯ Avenidas.

◯ Plantação.

A população e as festas municipais

Em muitos municípios brasileiros acontecem festas em comemoração à produção do principal gênero agrícola produzido no espaço rural do município, como o milho, a uva, o café e, também, as flores.

Em geral, as festas envolvem a população do campo e a população urbana do município. Algumas recebem, ainda, turistas de outros lugares do Brasil e, às vezes, de outros países.

Dessa maneira, além de terem importância financeira para o município, essas festas promovem a interação entre os participantes, como a troca de experiências profissionais e de hábitos culturais existentes no município e região.

A foto a seguir mostra um exemplo que acontece, todos os anos, no município de Holambra, no estado de São Paulo. Nesse município, acontece a maior festa de flores do Brasil, que chega a receber mais de 300 mil pessoas todos os anos.

- No município onde você vive ou em algum município vizinho são realizadas festas como a mostrada na foto? Converse com os colegas sobre como é a festa e o que há de mais interessante nela.

Na foto, observamos turistas visitando a exposição de flores no município de Holambra, São Paulo, em 2015.

João Prudente/Pulsar Imagens

Elena Itsenko/Shutterstock.com/ID/BR

Pratique e aprenda

1. Leia o texto abaixo. Em seguida, responda às questões.

Os vários voos da vaca Vivi

Era uma vez uma vaca, a Vivi, que só gostava de voar e de curtir tudo o que via. [...]

Primeiro, Vivi voou sobre a fazenda, onde moravam seus parentes, namorados e amigos. Lá de cima, olhou a pastaria, o cafezal, o pomar, a casa-grande e as dos colonos. E olhou também pro curral. Com tristeza, viu as outras vacas presas, separadas dos bezerros, que se espremiam, esperando a hora de mamar.

[...]

Os vários voos da vaca Vivi, de Elias José. São Paulo: FTD, 1990. p. 7-8.

Isabela Santos

a. Qual espaço de um município é descrito no texto?

____

b. Copie as palavras do texto que caracterizam esse espaço.

____

____

c. Cite outros elementos que caracterizam uma paisagem rural.

____

____

2. No espaço abaixo, desenhe uma paisagem rural do município onde você mora. Depois, mostre para seus colegas. Durante a apresentação, explique os elementos que representou no desenho.

Localizando os municípios

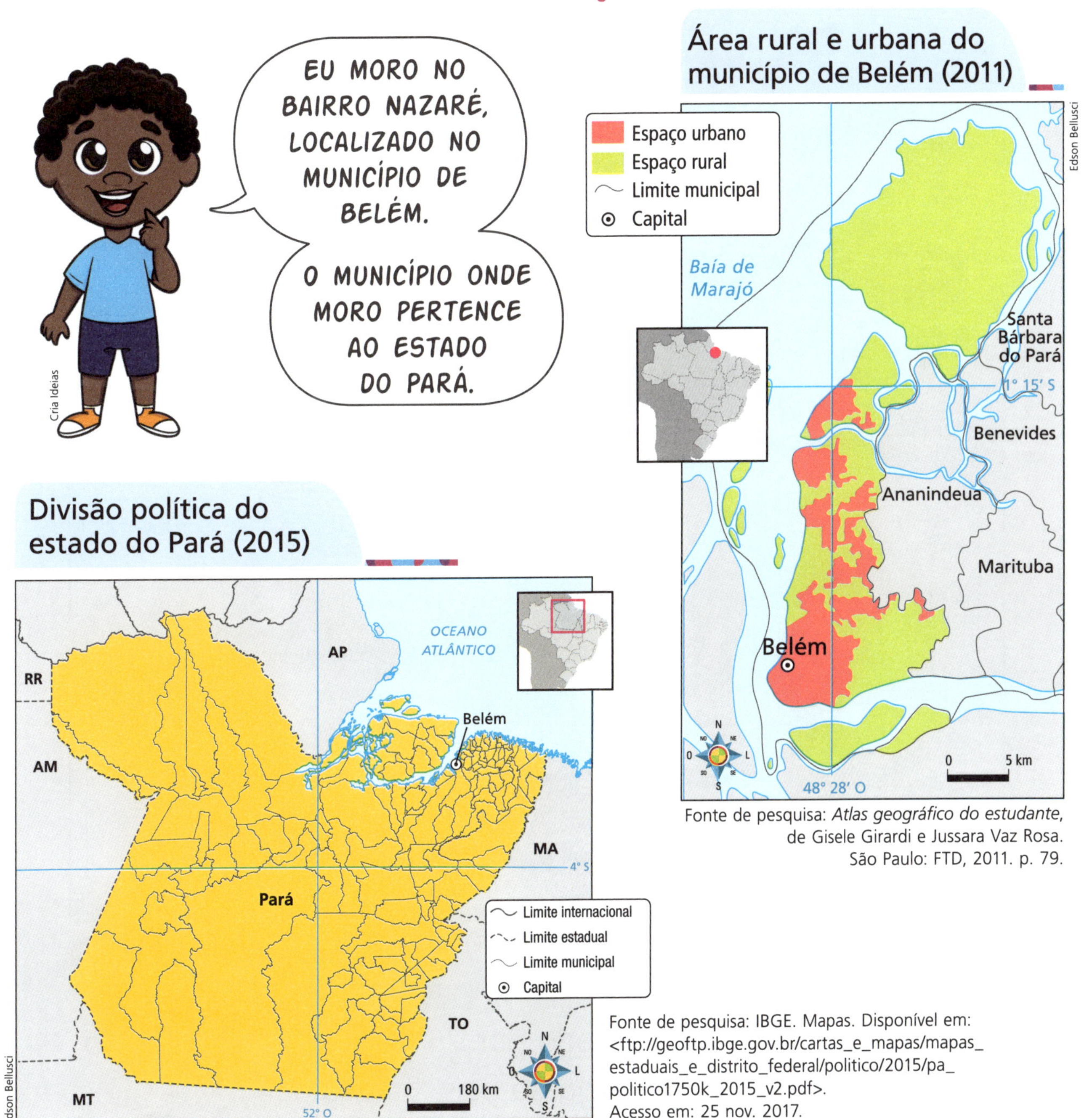

Fonte de pesquisa: *Atlas geográfico do estudante*, de Gisele Girardi e Jussara Vaz Rosa. São Paulo: FTD, 2011. p. 79.

Fonte de pesquisa: IBGE. Mapas. Disponível em: <ftp://geoftp.ibge.gov.br/cartas_e_mapas/mapas_estaduais_e_distrito_federal/politico/2015/pa_politico1750k_2015_v2.pdf>. Acesso em: 25 nov. 2017.

Observando a sequência dos mapas, podemos identificar os diversos municípios que, juntos, formam um estado.

1. Qual é o nome do município onde você mora?

____

2. O município onde você mora pertence a qual estado?

____

Divisão política do Brasil (2016)

Fonte de pesquisa: *Atlas geográfico escolar*. 7. ed. Rio de Janeiro: IBGE, 2016. p. 90.

O território do Brasil é formado por 26 estados e pelo Distrito Federal, onde está a capital do nosso país, Brasília.

Cada estado também possui uma capital. Conheça quais são elas observando o mapa acima.

3. Qual é a capital do estado onde você mora?

____

____

Pratique e aprenda

1. Encontre, no diagrama abaixo, as palavras para completar corretamente as frases.

a. Os municípios são formados por vários ____________________.

b. A maioria dos municípios brasileiros possui um espaço ____________________ e um espaço ____________________.

c. Os estados brasileiros são formados por vários ____________________.

d. O Brasil é formado por 26 ____________________.

e. A capital do Brasil chama-se ____________________.

E	W	F	M	B	A	I	R	R	O	S
Q	S	O	U	R	B	A	N	O	M	R
A	R	Y	T	C	B	J	K	O	L	D
X	D	S	G	Y	T	U	I	L	B	D
S	R	U	R	A	L	I	P	O	B	F
C	X	Z	S	D	U	I	M	N	G	F
W	M	U	N	I	C	Í	P	I	O	S
Q	U	O	P	E	S	T	A	D	O	S
C	B	R	A	S	Í	L	I	A	K	L

Localização por quadrantes

A planta a seguir mostra parte da cidade de Belém, no Pará. Essa planta foi dividida em vários quadros, também chamados de quadrantes, que auxiliam a localização de um elemento.

Os quadrantes podem ser identificados pelo encontro de uma coluna (nomeada por uma letra) e uma linha (nomeada por um número).

Por exemplo, nesta planta o hospital está localizado no quadrante **3A**, ou seja, no quadro localizado no encontro da **linha 3** e da **coluna A**.

Planta de parte da cidade de Belém (2010)

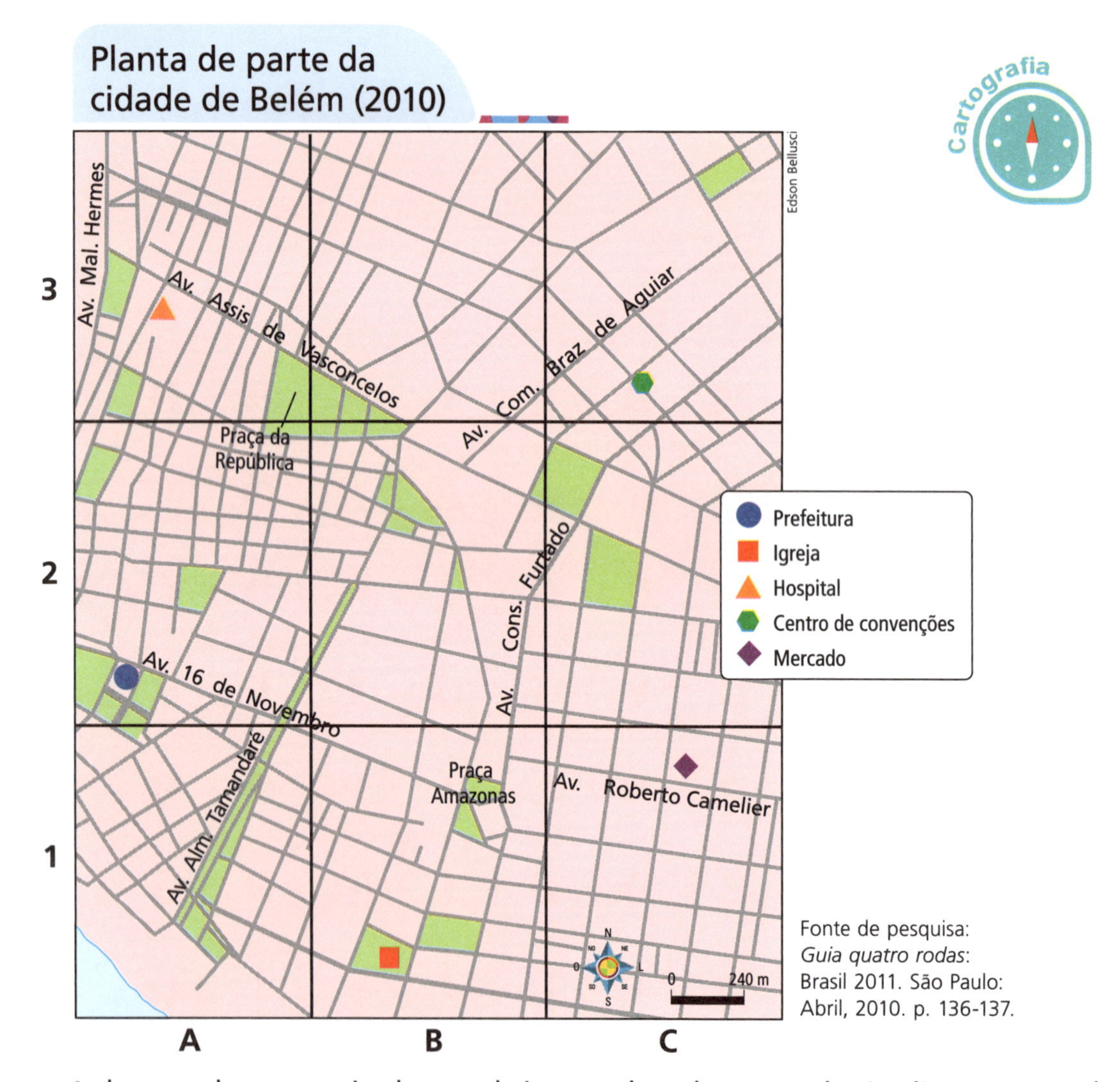

Fonte de pesquisa: *Guia quatro rodas*: Brasil 2011. São Paulo: Abril, 2010. p. 136-137.

A legenda nos ajuda na leitura da planta. Ela indica os símbolos presentes nessa representação. Por exemplo:

- O símbolo ■ representa uma igreja e está localizado no quadro **1B**.

1. **Observando a planta da página 118, complete a informação a seguir.**

a. O símbolo ________ representa a prefeitura e está localizado no quadro 2A.

b. O símbolo ________ representa o hospital e está localizado no quadro ________.

c. O mercado está localizado no quadro ________.

d. A ____________________ está localizada no quadro 1B.

e. O símbolo ⬢ representa o ____________________________________ e está localizado no quadro ________.

2. **Ainda de acordo com a planta da página 118, responda às questões abaixo.**

a. De acordo com a legenda, o símbolo ◆ representa qual elemento?

____

b. Imagine que você está no quadro 1A e gostaria de ir até o 3A. Que direção você deve seguir?

____

c. Agora, do quadro 3A você gostaria de ir até o 3C. Que direção você deve seguir?

____

Os limites do município

Observe as fotos a seguir.

A

Rogério Reis/Pulsar Imagens

Placa que indica o limite entre os municípios de Nova Olinda e Crato, Ceará, em 2015.

B

Ricardo Teles/Pulsar Imagens

Limite natural entre os municípios de Estreito, no Maranhão (à direita) e Aguiarnópolis, no Tocantins (à esquerda), em 2017. Além dos limites municipais, o rio Tocantins também determina a divisa entre os estados de Maranhão e Tocantins.

- **Na foto A, a placa é o elemento que indica o limite dos municípios. E na foto B?**

Os **limites** marcam os lugares onde começa o domínio de um território e termina o de outro, como o de um município, um estado ou de um país.

A indicação de limite pode ser artificial, construído pelo ser humano, como ruas, placas e obeliscos, ou natural, como montanhas e rios.

Pratique e aprenda

1. O mapa abaixo mostra a divisão municipal do estado de Roraima. Observe.

Fonte de pesquisa: IBGE. Mapas. Disponível em: <ftp://geoftp.ibge.gov.br/cartas_e_mapas/mapas_estaduais_e_distrito_federal/politico/2015/rr_politico850k_2015.pdf>. Acesso em: 25 nov. 2017.

a. Circule no mapa a capital do estado de Roraima.

b. O nome da capital é: ______________________.

c. Agora, circule no quadro apenas os nomes dos municípios que fazem limite com a capital do estado.

Alto Alegre	Uiramutã	Boa Vista	Bonfim	Cantá
Caracaraí	Caroebe	Iracema	Normandia	Rorainópolis
Amajari	Mucajaí	São João da Baliza	São Luiz	Pacaraima

2. Que municípios fazem limite com o município onde você mora? Escreva o nome de pelo menos dois deles.

____

3. Observe a imagem a seguir.

a. O que a imagem acima representa?

____

____

b. Identifique, na imagem acima, o que está localizado em cada quadro:

- 1D: ______________________________________
- 3B: ______________________________________
- 2D: ______________________________________
- 1B: ______________________________________
- 2B: ______________________________________

Aprenda mais!

O livro *O rato do campo e o rato da cidade* conta a história de dois primos: um rato que mora no campo, o Rato Rói, e seu primo que mora na cidade, o Otar Iór. Um dia, o rato da cidade foi visitar seu primo no campo para conhecer como era a vida dele. Em seguida, o Rato Rói foi conhecer um pouco da cidade, com seu primo Otar Iór.

O rato do campo e o rato da cidade, de Flavio de Souza. Ilustrações de Roberto Weigand. São Paulo: FTD, 2010.

FTD/Arquivo da editora

Nesse *site* da série *Cocoricó*, é possível encontrar vários vídeos e jogos envolvendo a turma de amigos que vive em uma fazenda. Em seus vídeos, a turma *Cocoricó* vivencia diferentes situações no espaço rural.

<http://cmais.com.br/cocorico>

Acesso em: 23 out. 2017.

Cocoricó/Fac-símile: ID/BR

Ponto de chegada

1. Cite dois elementos presentes no espaço rural do município onde você vive.
2. Cite dois elementos presentes no espaço urbano do município onde você vive.
3. Imagine que a sala de aula onde você estuda seja um município. O que define o limite do território desse município imaginário?
4. Observe o mapa da página **116** e identifique o(s) estado(s) brasileiro(s) que faz(em) divisa com o estado onde você mora.

unidade

8 Os serviços essenciais do município

Ernesto Reghran/Pulsar Imagens

Vista de uma rua na cidade de Londrina, Paraná, em 2016.

Ponto de partida

1. Que serviço essencial é possível identificar na imagem?
2. Além desse serviço essencial, quais outros existem em seu bairro? Conte para seus colegas.

Os serviços essenciais

Os **serviços essenciais** são fornecidos à população tanto por empresas públicas quanto por empresas particulares. Entre os serviços disponibilizados, estão o tratamento e a distribuição da água, a coleta e o tratamento de esgoto, a coleta de resíduos sólidos (lixo), o atendimento médico-hospitalar, o transporte coletivo, a telefonia, a iluminação pública e o lazer. Esses serviços tornam o lugar adequado para morar e proporcionam melhor qualidade de vida à população.

Vamos conhecer alguns deles, a seguir.

Os **serviços de saúde** prestados aos moradores de um bairro são oferecidos gratuitamente, por exemplo, nas Unidades Básicas de Saúde (UBS).

Nesses locais, a população deve receber atendimento médico e dentário e ter acesso a consultas, alguns exames, remédios e vacinas.

Tales Azzi/Pulsar Imagens

Unidade de saúde no município de Porto de Pedras, Alagoas, em 2015.

As **creches e escolas** possibilitam que crianças e jovens tenham acesso à educação e à cultura.

Luciana Whitaker/Pulsar Imagens

Na foto ao lado, Escola Municipal de Ensino Fundamental Santa Rita de Cássia, na cidade de Santarém, Pará, em 2017.

A **coleta de resíduos sólidos** consiste no recolhimento do resíduo produzido nas moradias, nos estabelecimentos comerciais e nas indústrias. Geralmente, a coleta é realizada com o uso de caminhões adaptados e os resíduos sólidos são transportados para locais como os aterros sanitários. Esse tipo de serviço essencial contribui para manter as ruas limpas e traz bem-estar à população, pois ajuda a prevenir a proliferação de insetos e animais transmissores de doenças.

Rogério Reis/Pulsar Imagens

Serviço de coleta de resíduos, na cidade de Tiradentes, Minas Gerais, em 2016.

Que curioso!

Reutilização e reciclagem: qual é a diferença?

Diariamente, as pessoas produzem resíduos sólidos, formados por restos de alimento, embalagens de produtos, copos descartáveis, papéis usados e garrafas plásticas.

Vários resíduos sólidos produzidos pelas pessoas podem ser **reutilizados** e **reciclados**, como metais, vidros, papéis e plásticos.

Outros resíduos, como guardanapos de papel usados e papel higiênico, não podem ser reciclados. Eles são chamados **rejeitos**.

Você sabe a diferença entre reutilizar e reciclar?

Reutilizar

Reutilizar significa aproveitar determinados materiais que seriam descartados no lixo para outras finalidades, dando uma nova utilidade a eles. Um exemplo é reutilizar garrafas de plástico ou embalagens longa vida como vaso de plantas.

Martina_L/iStock/Getty Images

Vasos de planta feitos com garrafas de plástico reutilizadas.

Reciclar

Reciclar significa transformar materiais, como papel, plástico, vidro e metal, que seriam descartados no lixo, em matéria-prima novamente, para ser utilizada na fabricação de um novo produto. Um exemplo é a transformação de latinhas de alumínio em barras de metal na indústria.

MikeDotta/Shutterstock.com/ID/BR

Barras de alumínio.

A **energia elétrica** permite às pessoas utilizar aparelhos elétricos para diversas finalidades, seja em casa, no comércio ou na indústria. Também fornece a iluminação de ruas, praças e avenidas durante a noite, como mostra a foto a seguir.

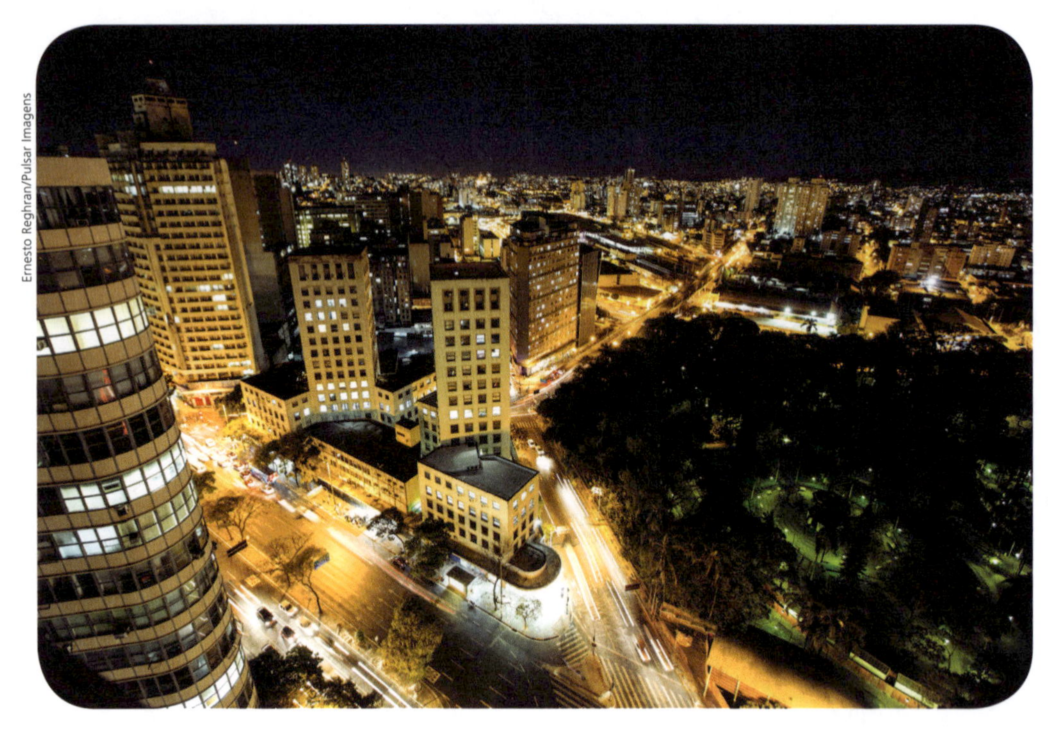

Ernesto Reghran/Pulsar Imagens

Vista noturna de parte da cidade de Belo Horizonte, Minas Gerais, em 2017.

O **transporte coletivo** eficiente contribui para melhorar a acessibilidade das pessoas, que podem se deslocar para diferentes lugares, seja para trabalhar, estudar ou passear.

Luciana Whitaker/Pulsar Imagens

Terminal de ônibus urbano no município de Novo Hamburgo, Rio Grande do Sul, em 2016.

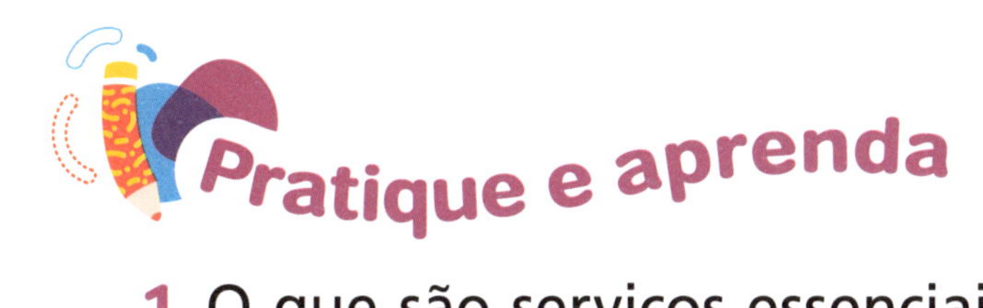

1. O que são serviços essenciais?

___

___

___

___

2. Com a ajuda de seus pais ou responsável, faça uma avaliação sobre os serviços essenciais do bairro onde você mora.

a. Para isso, pinte de **vermelho** os serviços que, na sua opinião, precisam melhorar e de **verde** aqueles que são oferecidos com boa qualidade.

- ☐ Serviços de saúde.
- ☐ Coleta de resíduos sólidos.
- ☐ Iluminação pública.
- ☐ Coleta de esgoto.
- ☐ Creches e escolas.
- ☐ Serviço de telefonia.
- ☐ Transporte coletivo.
- ☐ Água tratada e encanada.

b. Agora, escreva o que precisa ser melhorado no(s) serviço(s) essencial(is) que você pintou de vermelho.

___

___

___

Consumo consciente

Com o crescimento da população brasileira, a quantidade de produtos consumidos tem aumentado muito nos últimos anos. Com isso, ocorre também o aumento da quantidade de resíduos sólidos. Veja a seguir.

De acordo com a Abrelpe (Associação Brasileira de Empresas de Limpeza Pública e Resíduos Especiais), em 2016 foram gerados no Brasil aproximadamente 78 milhões de toneladas de resíduos sólidos.

Luis Salvatore/Pulsar Imagens

Na foto, caminhões descarregam os resíduos sólidos no aterro sanitário do município de Fortaleza, Ceará, em 2016.

É importante refletirmos sobre o que realmente necessitamos consumir. A reflexão, nesse caso, nos faz avaliar nossos hábitos de consumo e evitar o consumo de produtos que não precisamos. Com isso, contribuímos para a diminuição da geração de resíduos sólidos.

Refletir sobre o que consumimos nos faz avaliar nossos hábitos de consumo que, às vezes, podem ser exagerados. Veja a seguir algumas dicas.

Antes de comprar algo, analise se você realmente precisa daquilo. Sempre que ficar na dúvida, troque ideias com seus pais ou responsáveis.

Andrey_Popov/Shutterstock.com/ID/BR

Pranotf/Shutterstock.com/ID/BR

Antes de ir ao mercado, faça uma lista dos itens de que realmente necessita. Ao chegar ao estabelecimento comercial, limite-se à lista.

Makistock/Shutterstock.com/ID/BR

Com a autorização dos pais ou responsáveis, troque brinquedos que você não usa mais com outras crianças. Assim, você evita comprar novos brinquedos.

Kzenon/Shutterstock.com/ID/BR

Dê uma olhada no guarda-roupa e avalie o que já tem. Com essa atitude, você evitará comprar algo que já possua.

somethingway/iStock/Getty Images

Para fazer juntos!

1. Você já pensou na quantidade de resíduos sólidos que você e sua família descartam em um dia? Realize a atividade proposta a seguir e descubra a resposta para essa questão.

   a. Ao longo do período de um dia, verifique quais foram os produtos consumidos por você e pelas pessoas de sua família. Anote as informações obtidas no quadro a seguir.

Produto consumido	Resíduo sólido descartado

   b. Depois de preencher a tabela, reúna-se com as pessoas que moram com você e conversem sobre a quantidade de resíduos sólidos descartados em sua casa. Reflitam sobre o que vocês poderiam fazer para diminuir a quantidade de resíduos descartados por sua família. Exponha para os colegas as ideias e as atitudes que tiveram.

Os recursos da natureza

Cada vez mais as pessoas consomem os mais diversos tipos de produtos, como eletrônicos, roupas, calçados, brinquedos, eletrodomésticos, entre outros.

Para produzir todos esses produtos é necessária a exploração intensa da natureza, o que tem provocado a destruição de muitos recursos naturais.

É importante que as pessoas reflitam e façam uso consciente dos recursos, evitando a sua exploração descontrolada e a escassez no futuro.

Um aspecto importante que precisa ser considerado é a reutilização de produtos descartados. Veja, a seguir, alguns materiais que seriam descartados, mas foram transformados para atender a outras necessidades.

Imagens sem proporção entre si.

BonNontawat/Shutterstock.com/ID/BR

Vaso de plantas feito de garrafa de vidro.

André L. Silva/ASC Imagens

Porta-lápis feito de lata de alumínio encapada com papel.

Com os colegas, converse sobre a questão proposta a seguir.

- Por que é importante reaproveitar os recursos da natureza em nosso dia a dia?

Divirta-se e aprenda

Produzindo um bilboquê

Pensando no reaproveitamento dos materiais consumidos em nosso dia a dia, vamos produzir um brinquedo chamado **bilboquê**.

Para fazer o bilboquê, utilize os materiais da lista a seguir.

Materiais:

- garrafa PET descartável
- pedaço de barbante com 30 centímetros
- folha de jornal ou revista
- fita adesiva
- tesoura com pontas arredondadas
- adesivos ou recortes para enfeitar

Para a montagem do brinquedo, realize as seguintes etapas:

a. Amasse a folha de jornal ou revista no formato de uma bola. Em seguida, passe a fita adesiva ao redor da bola. Aproveite a fita para prender uma das pontas do barbante na bola.

b. Com a ajuda de um adulto, corte a parte de cima da garrafa, formando uma taça. Abra a tampa e prenda a outra ponta do barbante na garrafa. Por fim, basta decorar o brinquedo.

c. Depois, é hora de aproveitar e brincar!

André L. Silva/ ASC Imagens

Tarifas e impostos: o uso dos serviços essenciais

Para ter acesso aos serviços essenciais, é necessário o pagamento de tarifas e impostos para sua utilização. Geralmente, as empresas públicas e particulares fornecem os serviços essenciais e cobram tarifas mensais da população.

De modo geral, o valor da tarifa é calculado de acordo com o consumo. Ou seja, quanto maior o consumo, maior será a tarifa, e quanto menor o consumo, menor é a tarifa. É o caso, por exemplo, do fornecimento de energia elétrica e de água tratada.

Além do valor da tarifa, o governo também cobra impostos para a utilização dos serviços essenciais. O dinheiro arrecadado pelos impostos é investido na manutenção dos próprios serviços essenciais, como da rede elétrica e iluminação pública, das unidades básicas de saúde e da coleta de resíduos sólidos.

impostos: contribuição paga ao governo municipal, estadual ou federal para que se possam utilizar os serviços essenciais

João Prudente/Pulsar Imagens

Trabalhadores realizam a manutenção da rede elétrica no município de Pindamonhangaba, São Paulo, em 2017.

Direitos e deveres com os serviços essenciais

A população tem direito ao acesso a serviços essenciais com qualidade. No entanto, é necessário cumprir alguns deveres para garantir sua adequada utilização.

Veja, a seguir, três exemplos de direitos e deveres das pessoas em relação aos serviços essenciais.

3445128471/Shutterstock.com/ID/BR

DIREITO

ACESSO À ÁGUA TRATADA E À ENERGIA ELÉTRICA.

DEVER

CONSUMIR ÁGUA E ENERGIA ELÉTRICA SEM DESPERDÍCIO.

Criança escovando os dentes.

DIREITO

ACESSO AO SISTEMA DE TELEFONIA.

DEVER

UTILIZAR O TELEFONE PÚBLICO CORRETAMENTE, SEM DANIFICÁ-LO.

Fernando Favoretto/Criar Imagem

Pessoa utilizando telefone público.

Luciana Whitaker/Pulsar Imagens

DIREITO

SERVIÇO DE LIMPEZA PÚBLICA.

DEVER

CONTRIBUIR PARA A CONSERVAÇÃO E A LIMPEZA DAS RUAS.

Criança jogando resíduos sólidos em um cesto de coleta coletiva

Pratique e aprenda

1. Observe a foto abaixo. Depois, converse com seus colegas sobre as questões a seguir.

Luciana Whitaker/Pulsar Imagens

Resíduos sólidos espalhados pela rua, na cidade de Curitiba, Paraná, em 2015.

a. O que a foto retrata?

b. De acordo com a foto, podemos dizer que os impostos cobrados da população estão sendo bem investidos em serviços essenciais de qualidade?

Economia cidadã

Estar atento às despesas de casa é uma das maneiras de cuidarmos da quantidade de água, de energia elétrica e de alimentos que estamos consumindo além da real necessidade.

Essa responsabilidade é de todos os membros da família que vivem juntos, pois quando nos tornamos cientes dos valores referentes às despesas com água, energia elétrica, aluguel, alimentação, entre outros, estamos envolvidos no planejamento financeiro familiar.

Veja, a seguir, algumas atitudes que podem ser colocadas em prática para reduzir alguns gastos em nossa família.

✔ **Lista de gastos familiares:**

- A primeira atitude necessária, quando se busca diminuir os gastos familiares, é saber quais são as despesas da casa. Para isso, com os familiares, faça uma lista detalhada com todas essas despesas, como aluguel, prestações a pagar, alimentação, transporte, lazer, etc.

Koksharov Dmitry/Shutterstock.com/ID/BR

Depois que a lista estiver pronta, é importante conversar sobre algumas atitudes que reduzem gastos em casa:

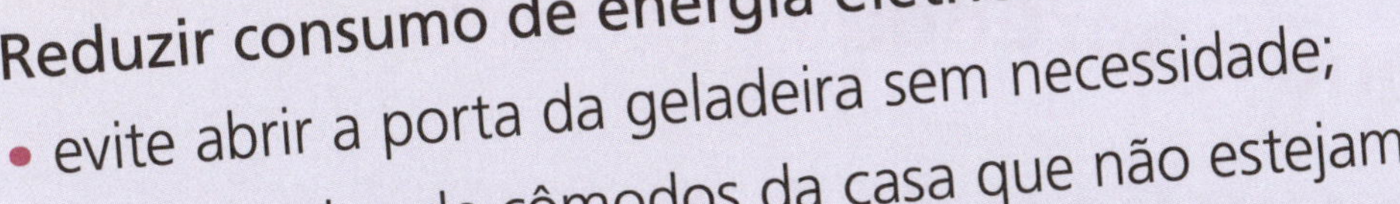

✓ **Reduzir consumo de energia elétrica:**

- evite abrir a porta da geladeira sem necessidade;
- apague a luz de cômodos da casa que não estejam sendo ocupados;
- não deixe aparelhos eletrônicos ligados sem necessidade.

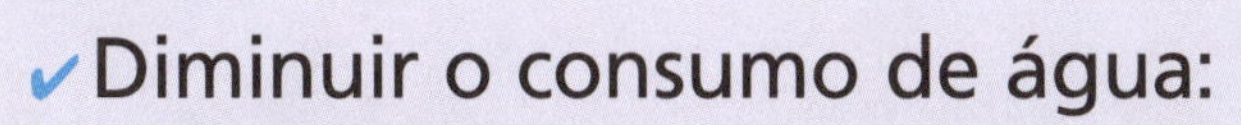

✓ **Diminuir o consumo de água:**

- feche a torneira ao escovar os dentes;
- evite tomar banhos demorados.

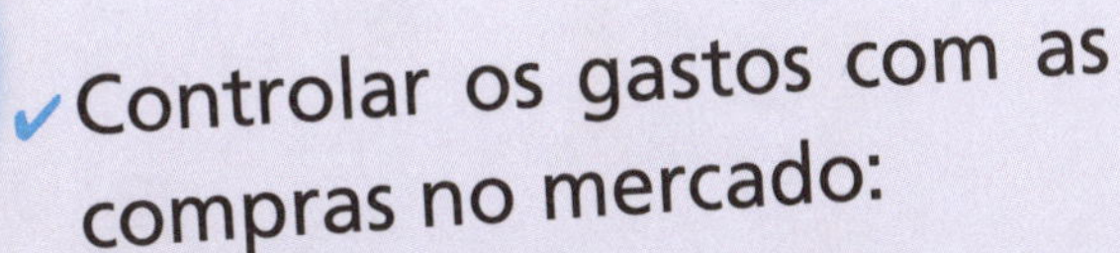

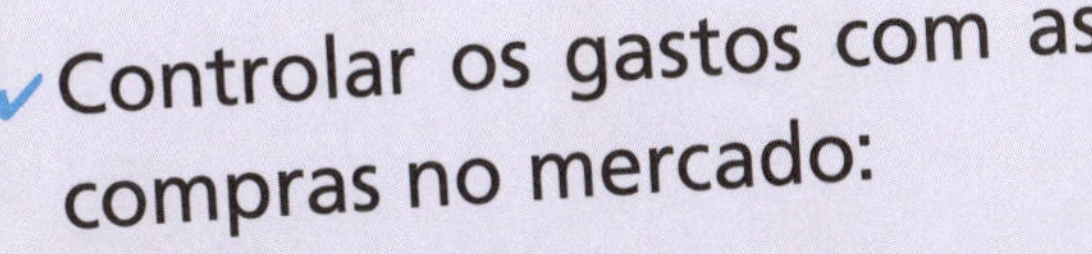

✓ **Controlar os gastos com as compras no mercado:**

- faça uma lista com os produtos que realmente sua família esteja precisando.

✓ **Gastos com transporte:**

- verifique a possibilidade de andar mais a pé, de bicicleta ou utilizar transportes públicos.

Koksharov Dmitry/Shutterstock.com/ID/BR

- Reúna-se com as pessoas que moram com você e conversem sobre as atitudes que poderiam adotar para diminuir os gastos familiares. Anote as informações no caderno e apresente-as aos colegas.

Pratique e aprenda

1. Observe a imagem abaixo.

Waldomiro Neto

a. Em quais cômodos da casa está sendo utilizada a energia elétrica?

____

____

b. O uso da energia elétrica está sendo feito de maneira responsável? Por quê?

____

____

____

c. Converse com os colegas sobre algumas atitudes que vocês podem adotar em casa para evitar o desperdício de energia elétrica.

Aprenda mais!

No livro *O menino que quase morreu afogado no lixo*, você vai conhecer a história de um garoto que consumia muitos produtos em sua casa. As embalagens dos produtos e os restos de alimentos foram se acumulando em seu quarto até ele não conseguir mais sair de lá.

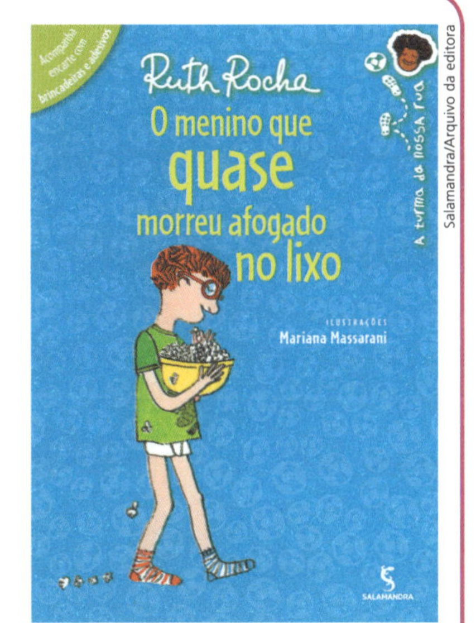

Salamandra/Arquivo da editora

O menino que quase morreu afogado no lixo, de Ruth Rocha. Ilustrações de Mariana Massarani. 2. ed. São Paulo: Salamandra, 2015.

No *site Leãozinho*, por meio de histórias, jogos, brincadeiras, músicas e filmes, você pode aprender mais sobre cidadania, administração municipal e os impostos que os cidadãos pagam ao governo e em que são investidos.

Leãozinho/Fac-símile: ID/BR

<http://leaozinho.receita.fazenda.gov.br>
Acesso em: 23 out. 2017.

Ponto de chegada

1. Os serviços essenciais são fornecidos à população com qual finalidade?

2. Com seus colegas, reflitam sobre quais atitudes vocês poderiam adotar para diminuir a quantidade de resíduos sólidos gerados na escola.

3. Você considera importante que todas as pessoas que moram em sua casa participem do planejamento dos gastos familiares? Por quê?

Brasil: divisão política (2016)

Fonte de pesquisa: *Atlas geográfico escolar*. 7. ed. Rio de Janeiro: IBGE, 2016. p. 94.

Planisfério político (2016)

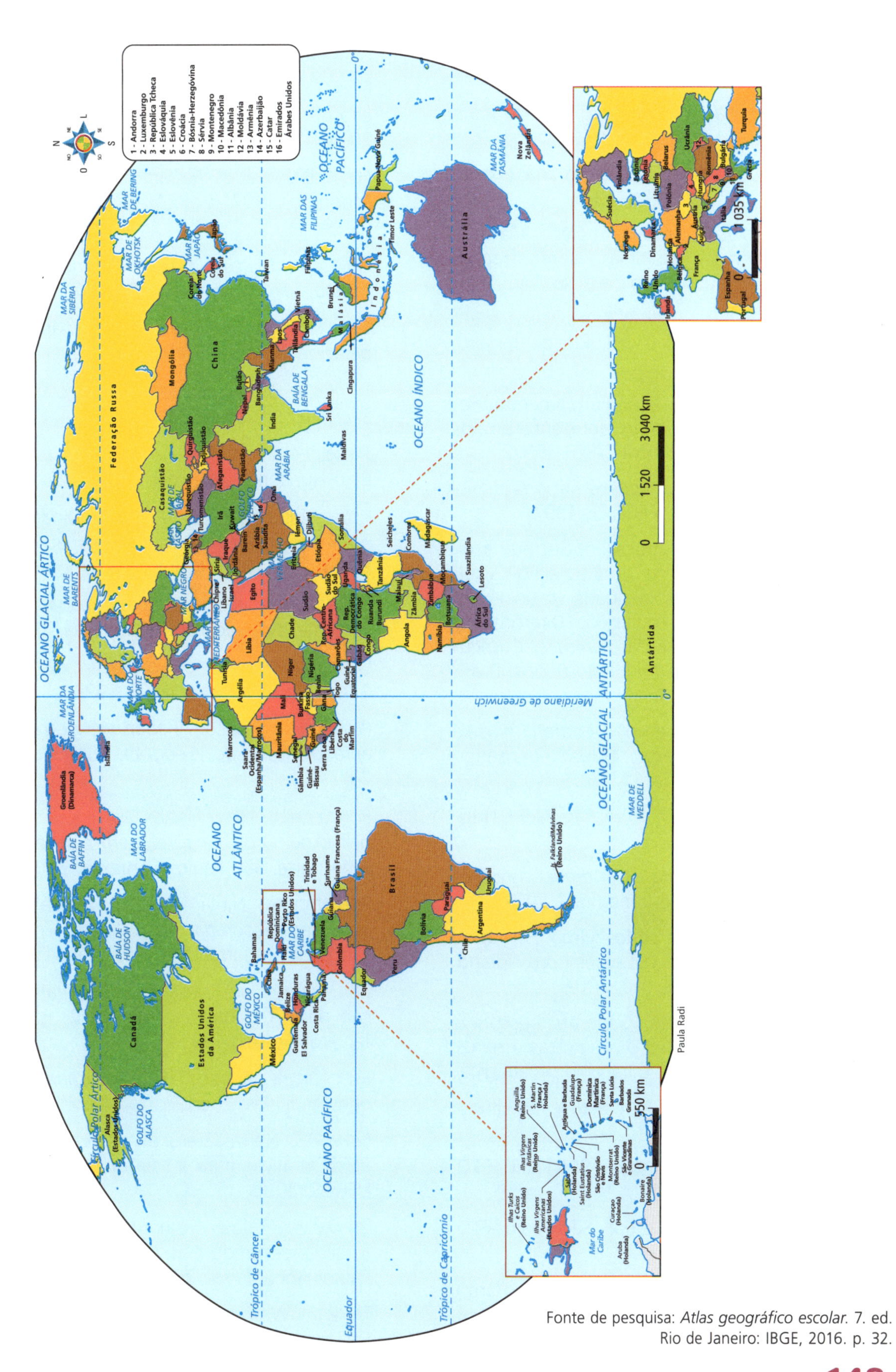

Fonte de pesquisa: *Atlas geográfico escolar*. 7. ed. Rio de Janeiro: IBGE, 2016. p. 32.

Bibliografia

ALMEIDA, Rosângela Doin de; PASSINI, Elza Yasuko. *O espaço geográfico*: ensino e representação. 4. ed. São Paulo: Contexto, 1992.

ALMEIDA, Rosângela Doin de (Org.). *Cartografia escolar*. São Paulo: Contexto, 2007.

ANDRADE, Manuel Correia de. *Geografia econômica*. 12. ed. São Paulo: Atlas, 1998.

ANTUNES, Celso. *A sala de aula de Geografia e de História*: inteligências múltiplas, aprendizagem significativa e competências no dia a dia. Campinas: Papirus, 2001. (Papirus Educação).

ATLAS geográfico escolar. 7. ed. Rio de Janeiro: IBGE, 2016.

BRASIL. Secretaria de Educação Fundamental. *Parâmetros curriculares nacionais*: apresentação dos temas transversais. Brasília: MEC/SEF, 1997.

________. *Parâmetros curriculares nacionais*: História, Geografia. Brasília: MEC/SEF, 1997.

________. Ministério da Educação. Secretaria de Educação Básica. Secretaria de Educação Continuada, Alfabetização, Diversidade e Inclusão. Conselho Nacional da Educação. Diretoria de Currículos e Educação Integral. *Diretrizes Curriculares Nacionais Gerais da Educação Básica*. Brasília: MEC, SEB, DICEI, 2013.

CARLOS, Ana Fani Alessandri. *A Geografia na sala de aula*. São Paulo: Contexto, 1999. (Repensando o ensino).

________. *O lugar no/do mundo*. São Paulo: Hucitec, 1996.

CASTRO, Iná E. de et al. (Org.). *Geografia*: conceitos e temas. Rio de Janeiro: Bertrand Brasil, 2007.

CASTROGIOVANNI, Antonio Carlos (Org.). *Ensino de Geografia*: práticas e textualizações no cotidiano. 2. ed. Porto Alegre: Mediação, 2002.

CAVALCANTI, Lana de Souza. *Geografia, escola e construção de conhecimento*. Campinas: Papirus, 1998. (Magistério: formação e trabalho pedagógico).

CHALITA, Gabriel. *Valores*: natureza e equilíbrio. São Paulo: FTD, 2011.

________. *Valores*: ética e poder. São Paulo: FTD, 2011.

________. *Valores*: justiça e paz. São Paulo: FTD, 2011.

CORRÊA, Roberto Lobato; ROSENDAHL, Zeny (Org.). *Paisagem, tempo e cultura*. Rio de Janeiro: Eduerj, 1998.

CURRIE, Karen et al. *Meio ambiente*: interdisciplinaridade na prática. Campinas: Papirus, 2005.

DIAS, Genebaldo Freire. *Dinâmicas e instrumentação para a educação ambiental*. São Paulo: Gaia, 2010.

FUSER, Bruno et al. *Trabalho em debate*. São Paulo: Moderna, 1997. (Coleção polêmica. Série debate na escola).

GIACOMINI FILHO, Gino. *Meio ambiente e consumismo*. São Paulo: Senac São Paulo, 2008.

GUERRA, Antônio Teixeira. *Dicionário geológico geomorfológico*. Rio de Janeiro: IBGE, 1997.

JAF, Ivan; PALMA, Daniela. *O preço do consumo*. São Paulo: Ática, 2008.

JANINE, Lesann. *Geografia no ensino fundamental I*. Belo Horizonte: Argvmentvm, 2009.

KOZEL, Salete; FILIZOLA, Roberto. *Didática de Geografia*: memórias da Terra. O espaço vivido. São Paulo: FTD, 1996. (Conteúdo e metodologia).

MARTINELLI, Marcelo. *Gráficos e mapas*: construa-os você mesmo. São Paulo: Moderna, 1998.

OLIVEIRA, Cêurio de. *Curso de Cartografia moderna*. 2. ed. Rio de Janeiro: IBGE, 1993.

PASSINI, Elza Yasuko. *Alfabetização cartográfica e a aprendizagem de Geografia*. São Paulo: Cortez, 2012.

PONTUSCHKA, Nídia Nacib; OLIVEIRA, Ariovaldo Umbelino de (Org.). *Geografia em perspectiva*: ensino e pesquisa. São Paulo: Contexto, 2002.

PONTUSCHKA, Nídia Nacib et al. *Para ensinar e aprender Geografia*. São Paulo: Cortez, 2007. (Docência em formação: Série Ensino Fundamental).

RUA, João et al. *Para ensinar Geografia*: contribuição para o trabalho com 1º e 2º graus. Rio de Janeiro: Access, 1993.

RUSCHEINSKY, Aloisio. *Educação ambiental*: abordagens múltiplas. 2. ed. Porto Alegre: Penso, 2012.

SCHÄFFER, Neiva Otero et al. *Um globo em suas mãos*: práticas para a sala de aula. Porto Alegre: UFRGS, 2005.

STRAFORINI, Rafael. *Ensinar Geografia*: o desafio da totalidade-mundo nas séries iniciais. 2. ed. São Paulo: Annablume, 2004.

TEIXEIRA, Wilson et al. (Org.). *Decifrando a Terra*. São Paulo: Oficina de Textos, 2000.